新时代智库出版的领跑者

国家智库报告（2021）

National Think Tank (2021)

中国政务公开
第三方评估报告
（2020）

A THIRD-PARTY REVIEW OF THE JUDICIARY
TRANSPARENCY IN CHINA (2020)

中国社会科学院　国家法治指数研究中心
法学研究所法治指数创新工程项目组　著

中国社会科学出版社

图书在版编目(CIP)数据

中国政务公开第三方评估报告.2020 / 中国社会科学院国家法治指数研究中心，中国社会科学院法学研究所法治指数创新工程项目组著.—北京：中国社会科学出版社，2021.9

（国家智库报告）

ISBN 978 - 7 - 5203 - 9290 - 7

Ⅰ.①中… Ⅱ.①中…②中… Ⅲ.①国家行政机关—信息管理—研究报告—中国—2020 Ⅳ.①D630.1

中国版本图书馆 CIP 数据核字(2021)第 213788 号

出 版 人	赵剑英	
责任编辑	孙砚文　李　沫	
责任校对	任晓晓	
责任印制	李寡寡	

出　　　版	中国社会科学出版社
社　　　址	北京鼓楼西大街甲 158 号
邮　　　编	100720
网　　　址	http://www.csspw.cn
发 行 部	010 - 84083685
门 市 部	010 - 84029450
经　　　销	新华书店及其他书店

印刷装订	北京君升印刷有限公司
版　　　次	2021 年 9 月第 1 版
印　　　次	2021 年 9 月第 1 次印刷

开　　　本	787×1092　1/16
印　　　张	8.25
插　　　页	2
字　　　数	85 千字
定　　　价	49.00 元

凡购买中国社会科学出版社图书，如有质量问题请与本社营销中心联系调换
电话：010 - 84083683

项目组负责人：

田　禾　中国社会科学院国家法治指数研究中心主任，法学研究所研究员

吕艳滨　中国社会科学院国家法治指数研究中心副主任，法学研究所研究员、法治国情调研室主任、法治指数创新工程项目组首席研究员

项目组成员：（按照姓氏汉字笔画排序）

王小梅　王祎茗　车文博　冯迎迎　刘雁鹏
米晓敏　胡昌明　洪　梅　栗燕杰

执笔人：

吕艳滨　田　禾等

摘要：2020 年度，中国社会科学院国家法治指数研究中心、法学研究所法治指数创新工程项目组围绕决策公开、管理服务公开、执行和结果公开、政策解读与回应关切、依申请公开等方面，继续对 49 家国务院部门、31 家省级政府、49 家较大的市政府、120 家县（市、区）政府开展政务公开工作的情况进行了第三方评估。评估显示，2020 年政务公开标准化规范化的探索推进正在加快，决策公开稳步推进，政务服务、行政执法、管理结果公开均有明显进步，但未来还需要进一步提升公开意识，找准公众需求，将公开融入政务活动全流程，提升信息化保障水平。

关键词：政务公开　政府透明度　法治指数政府网站

Abstract: In 2020, the Center for the Studies of Rule of Law Index of Chinese Academy of Social Sciences and the Innovation Project Team on the Rule of Law Index of the Institute of Law of Chinese Academy of Social Sciences continued to carry out third-party assessment on the open government work of 49 departments under the State Council, 31 provincial-level governments, 49 governments of larger cities and 120 county (city, district) -level governments, focusing on such aspects of the work as the openness of decision-making, administrative service, implementation and result, policy interpretation and response to public concerns, and disclosure of government information upon application. The assessment shows that, in 2020, China accelerated the exploration in and promotion of the standardization and normalization of openness of government affairs, steadily advanced the openness of decision-making, and made significant progresses in the openness of government service, administrative law enforcement, and results of administration. In the future, China still needs to further enhance the awareness of openness, precisely identify public needs, integrate openness into the whole process of government activities, and raise the level of information guarantee.

Keywords: openness of government affairs; government transparency; rule of law index; government website

目　　录

一 评估对象、指标及方法

2020 年，中国社会科学院国家法治指数研究中心、法学研究所法治指数创新工程项目组（以下简称"项目组"）继续对各级政府政务公开情况进行调研和评估，本报告对此次调研和评估情况进行了总结分析。

2020 年的评估对象包括 49 家对外有行政管理权限的国务院部门、31 家省级政府、49 家较大的市政府、120 家县（市、区）政府。项目组在上一年度评估的 125 家县（市、区）政府中剔除了排名靠后的 25 家，分别从上一年度百强县、百强区①中取前十位，并追加了上海市金山区和长沙市天心区两家主动要求评估的区政府。属于百强县、百强区但已依据上一年评估结果予以剔除或者已在保留评估名单中的则依次顺延抽取后续区县，最终选定 120 家县（市、区）。

① 百强县、百强区数据来源于《2019 年中国中小城市高质量发展指数研究成果发布》，《人民日报》2019 年 10 月 8 日第 8 版。

　　2020 年评估基本延续 2019 年的指标体系，一级指标①包括决策公开、管理服务公开、执行和结果公开、政务公开平台建设、依申请公开，仅在省、较大的市、县（市、区）政府三类对象的执行和结果指标中增加了对执法统计数据公开情况的考察。

　　评估截至 2020 年 12 月 31 日。其中，依申请公开仅对县（市、区）政府进行了评估验证，时间为 2020 年 6 月 6 日至 10 月 23 日，申请内容为要求公开"2019 年本县（市、区）危房改造项目实际投入金额"。申请通过在线申请或信函渠道提出，在线申请优先采用政府门户网站依申请公开平台，无平台的则选择政府信息公开指南中公布的电子邮箱发送申请。上述方式无效的，则以挂号信方式提出申请。

---

　　①　关于评估指标的描述，可参见《中国政府透明度指数报告（2019）——以政府网站信息公开为视角》，载《中国法治发展报告 No. 18（2020）》，社会科学文献出版社 2020 年版，第 175—176 页。

二 总体评估结果

2020 年是谋划"十四五"规划的关键之年，中共中央于 2020 年 12 月 7 日印发的《法治社会建设实施纲要（2020—2025 年）》对推进法治社会建设、实现国家治理体系和治理能力现代化具有重要意义，2020 年也是《关于全面推进基层政务公开标准化规范化工作的指导意见》《关于规范政府信息公开平台有关事项的通知》《关于政府信息公开工作年度报告有关事项的通知》实施的第一年，是《政府信息公开条例（2019 修订）》（以下简称"新《条例》"）实施的第二年，各级政府和部门应根据政策文件要求，全面推进决策、执行、管理、服务和结果全过程、全流程公开，全面推广政务公开的标准化规范化，全面扩大公众参与，使社会大众全面深入参与到政府治理的各个环节，发挥信息发布、政策解读、回应关切三位一体、相辅相成的作用。评估发现，2020 年全国政务公开工作成效显著。

（一）政务公开取得显著成效

1. 基层政务公开"两化"建设加快

2020 年 1 月 8 日发布的《国务院办公厅关于全面推进基层政务公开标准化规范化工作的指导意见》提出，到 2023 年基本建成全国统一的基层政务公开标准体系，覆盖基层政府行政权力运行全过程和政务服务全流程。各地围绕标准化规范化工作，积极梳理主动公开事项清单，确定公开标准，强化平台建设，完善公开制度和流程，加强解读回应，探索政务公开专区、示范区、示范点建设，形成了全面推进标准化规范化的良好局面。

2. 决策信息公开继续稳步推进

《重大行政决策程序暂行条例》实施以来，各地在重大行政决策预公开方面呈现了诸多亮点。许多单位制定并对外公布本年度重大决策事项目录。2020 年，有 18 家较大的市政府公开了重大决策事项目录，比上年增长了 50.00%；有 151 家评估对象公开了 2020 年度重大决策草案，其中随草案同时发布草案解读或说明信息的有 56 家。多数评估对象开通了电子邮件、信

函、在线平台、传真等多种渠道收集意见,方便群众
参与。

规范性文件公开更加规范。在被评估的 200 家地
方政府中,有 199 家对所属部门的规范性文件进行了
集中统一公开。249 家评估对象中,有 136 家标注了规
范性文件的有效性,比上年新增了 34 家,有 196 家公
开了近三年规范性文件清理信息,其中有 124 家发布
的是 2020 年当年度的清理信息。

政策解读形式多样,解读内容质量更高。有超
过 98.00% 的评估对象开通了政策解读类专门栏目,
且多数单位栏目定位比较准确。有 182 家评估对象
政策解读的内容重点阐释了文件制定背景及核心内
容。部分地方政府还列明了解读人姓名等信息,如
浙江省杭州市、河南省郑州市以及浙江省余姚市等。
解读形式更加多样化,有 191 家评估对象使用了图
解、视频解读以及 H5 解读等文字解读以外的形式
进行解读。

3. 权力配置调整信息公开及时

多数地方政府能够及时公开机构改革后更新的权
力清单。在抽查各地医疗保障、退役军人事务管理、
卫生健康、应急管理、生态环境等部分涉及机构改革
的部门时发现,有 111 家评估对象调整了所有被抽查

部门的权力清单，72 家评估对象调整了部分被抽查部门的权力清单，机构改革单位的权力清单调整情况较 2019 年有较大改进。

4. 行政执法信息公开更加规范

一是行政执法信息统一公开平台开通情况良好，2020 年度地方政府开通比例近半，较 2019 年大幅增加。二是"双随机、一公开"规范化程度有所提升。有 138 家评估对象设置了"双随机"专栏，比上年增加了 42 家；有 137 家地方政府集中公开了所属部门的随机抽查事项清单。三是行政处罚结果信息公开情况较好。有 188 家地方政府的市场监督管理部门公开了 2020 年度行政处罚结果信息，总体公开率达到 94.00%。

5. 服务公开水平进一步提升

一是政务服务事项目录的公开率进一步提升，国务院部门的公开率比上年度提升 3.54 个百分点，达91.30%，省、市、县三级政府继续保持 100%。二是省级政府服务指南公开较规范。抽查的省级服务事项办事指南中，办理依据、申报条件、办理期限、办理流程、收费标准、联系方式或咨询渠道等要素的公开率均为 100%，且大多数省份申报材料清单中未发现兜底性材料，提供了空白表格和样表。三是市场主体和个人"全生命周期"的办事服务事项集成式、一站式公开情况较好。有 185 家地方政府集成展示了市场主体（企业）"全生命周期"办事服务事项，162 家集成展示了个人"全生命周期"办事服务事项。四是确需保留的证明事项公开率明显提升。2020 年，国务院部门、省级政府、较大的市政府、县（市、区）政府等四类主体，公开"确需保留的证明事项清单"的比例分别为 50.00%、61.29%、69.39%、31.67%，比 2019 年分别增加了 10.87 个、29.03 个、30.61 个、14.87 个百分点。

6. 多数单位法治政府建设年度报告发布情况良好

2020 年是《法治政府建设实施纲要（2015—2020 年)》的收官之年，编制并公开法治政府建设年度报告是监督和评价法治政府建设情况的重要手段。首先，报告发布情况逐年向好。所有省级政府连续两年实现全部发布上一年度的法治政府建设年度报告，有 34 家国务院部门和 47 家市级政府发布了该报告，均比 2019 年有所增加。其次，多数单位按时发布年度报告。有 17 家国务院部门、25 家省级政府、37 家较大的市政府和 73 家县（市、区）政府于 2020 年 4 月 1 日前发布了本机关上一年度的年度报告，比 2019 年分别增加了 12 家、21 家、9 家和 37 家。最后，年度报告中部分要素规范化程度较高。如，在国务院部门发布的报告中，披露了政府规章立改废数据、参与普法宣传情况的分别占97.06%、91.18%；在省级政府中，披露了深化行政审批制度改革情况、加强执法体制改革情况、地方立法立改废数据、化解矛盾纠纷情况、完善执法程序情况、完善重大行政决策机制情况的占比分别达到100.00%、100.00%、96.77%、96.77%、93.55%、90.32%；在较大的市级政府中，披露了地方立法立改废数据、深化行政审批制度改革情况、加强执法体制改革情况、完善执法程序情况、化解矛盾纠纷情况、完善重大行政决策机制情况的占比分别达到95.92%、95.92%、95.92%、95.92%、91.84%、91.84%。

7. 省级政府审计信息公开情况良好

有27家省级政府公开了2020年度审计计划，其中23家明确提到了新冠肺炎疫情防控相关工作审计安排；27家省级政府公开了2019年度本级预算执行情况和其他财政收支审计结果报告；26家省级政府公开了2019年重大政策措施落实情况跟踪审计结果，其中多个省份按季度公开。部分单位还对专业的审计报告做了图解，形式新颖丰富，便于群众阅读。如天津市制作的《2019年市级预算执行和其他财政收支审计工作报告》图解综合运用了思维导图、数据统计表、卡通形象，使报告内容形象生动、简明易懂。

8. 政府债务透明度稳步提升

首先，地方政府债务限额和债务余额决算信息公开情况较好。公开了 2019 年度本地区、本级和所属地区债务限额决算数的单位[1]分别有 116 家、49 家和 42 家，占 58.00%、61.25% 和 52.50%；公开了 2019 年度本地区、本级和所属地区债务余额决算数的单位分别有 128 家、57 家和 44 家，占 64.00%、71.25% 和 55.00%。此外，有 11 家省级政府将所属地区地方政府债务限额决算数细化到省内所有县区，方便集中查阅。其次，随同决算公开上年末本地区、本级地方政府债务还本决算数和付息决算数的情况较好。公开 2019 年本地区地方政府债务还本、付息决算数的单位数量均为 133 家，占 66.50%；公开了 2019 年本级地方政府债务还本决算数、付息决算数的单位分别有 67 家和 69 家，占 33.50% 和 34.50%。

---

[1]　县（市、区）单位作为政府债务统计核算的基层单位，项目组在考察过程中，不再区分县（市、区）政府本级和所属地区，只核算本地区数据。因此，对本地区的相关统计数据公开，项目组考察了省、市、县（市、区）三级共 200 个主体，而对本级和所属地区的相关统计数据公开，项目组仅考察了 31 家省级政府和 49 家较大的市政府，共 80 个主体。

9. 义务教育信息公开水平提升明显

有93家县（市、区）政府公开了本地2020年义务教育阶段入学工作文件（如招生工作实施方案），占77.50%，比上年增加了4.7个百分点。其中公开了入学政策咨询电话、小学招生范围、初中招生范围、普通学生入学条件和随迁子女入学条件的单位比例，分别达到67.50%、80.00%、84.17%、81.67%和81.67%，比上年分别增加9.10个、24.80个、32.17个、9.67个和11.27个百分点。

10. 平台建设更加规范

一是网站栏目建设更加规范。多数单位能够按照《政府网站发展指引》要求，设置机构职能、负责人信息、政策文件、解读回应、工作动态、互动交流等栏目，且栏目信息发布规范，没有发现栏目重叠情况。二是搜索功能建设情况良好，仅1家评估对象门户网站未设有检索功能。三是政府公报平台开通率较高，31家省级政府和49家较大的市政府全部发布了政府公报，另有66家县（市、区）政府发布了本级政府公报，占55.00%。四是政务新媒体开通率较高，有44家国务院部门开设了政务新媒体，开通率达89.80%，参与评估的200家地方政府全部开设了政务新媒体。

（二）政务公开工作仍需解决的问题

1. 决策公开仍有较大提升空间

一是重大决策预公开水平仍待提升。部分评估对象未明确意见征集期限或意见征集期限较短。评估发现，有 2 家评估对象没有告知意见征集期限，86 家评估对象征集意见的期限少于 30 日且未说明理由。二是规范性文件清理备案信息公开仍需加强。仍有 53 家评估对象未公开近三年规范性文件清理结果，83 家评估对象未标注规范性文件有效性，152 家评估对象未发布 2020 年规范性文件备案审查信息。三是政策解读质量有待提升。仍有 26 家评估对象解读内容未与政策原文相互关联，129 家评估对象政策解读信息发布不及时，未在政策原文发布后 3 个工作日内发布，有 182 家评估对象未发布主要负责人解读信息。

2. 权力清单信息更新不够及时

抽查评估发现，部分地方的权力清单未做到及时调整。有 43 家国务院部门近两年未发布权力清单，部分单位仅发布了行政许可事项清单。同时，抽查各级政府"群体性预防接种"权力事项发现，仅有江西

省、湖北省和辽宁省鞍山市依据 2019 年 6 月颁布的
《中华人民共和国疫苗管理法》做出相应调整，有 62
家评估对象发布的权力清单中未包含"群体性预防接
种"相关权力事项，124 家评估对象权力清单中对应
事项的法律依据仍为已废止的《疫苗流通和预防接种
管理条例》。抽查县（市、区）政府人力资源和社会
保障部门"先行垫付农民工工资及追偿权"，发现参
与评估的县均未按照 2020 年 5 月 1 日实施的《保障农
民工工资支付条例》做出调整。

3. 政务服务事项公开仍存死角

各地政务服务水平仍有较大提升空间。市、县级
层面，抽查"离退休老人投靠子女进本地入非农业户
口"事项，发现有 29 家较大的市政府、27 家县（市、
区）政府未公开相应的办事指南。已公开办事指南的
评估对象中，海南省海口市等 13 家评估对象未公开受
理条件。

确需保留的证明事项清单公开质量不高。公开了
证明事项清单的 23 家国务院部门均只发布了征求意见
稿，未见最终版本。5 家省级政府、11 家较大的市政
府和 19 家县（市、区）政府发布的清单中，设定依
据、索要单位、开具单位等要素公开不全。部分地方
清单未及时更新，如西藏自治区、吉林省、河北省石

家庄市、内蒙古自治区包头市、河南省洛阳市、福建省石狮市等仅公开了 2018 年甚至 2017 年版证明事项清单。部分地方仅公开了个别部门的证明事项清单，如广州市、广东省珠海市、北京市东城区、四川省成都市武侯区、广西壮族自治区博白县、湖南省衡阳县、长沙市天心区等。

4. 执法信息公开仍待规范加强

一是行政执法统一公示平台仍需完善。有 89 家地方政府未设置行政执法信息公开平台，占 44.50%；部分单位行政执法栏目设置不规范、不细化，部分单位栏目内信息发布较单一，未全面公开文件要求的行政执法信息，个别单位仅发布了执法工作动态信息。二是"双随机、一公开"仍有提升空间。公开了本部门随机抽查事项清单的 21 家国务院部门中，有 10 家要素不全，占 47.62%；在公开了生态环境部门随机抽查事项清单的 126 家地方政府中，有 54 家要素不全，占 42.86%。国务院部门和省级政府生态环境部门中，未公开 2020 年度随机抽查结果和查处情况的单位分别占 85.29% 和 87.10%。三是行政处罚信息公开仍有欠缺。参与评估的 37 家国务院部门中，有 26 家未公开 2020 年处罚结果，占 70.27%，部分地方市场监督管理部门公开的 2020 年行政处罚信息较少，如青海省市场监督管理部门 2020 年仅发布了 3 条行政处罚信息。部分地方市场监督管理部门还存在处罚结果发布不及时、行政处罚结果要素不全、泄露个人信息等问题。四是行政执法统计年报公开不理想。仅有 60 家评估对象公开了 2019 年度行政执法数据统计年报。部分单位数据统计年报仅包含文字说明，未包含行政执法数据实施情况统计表。

5. 法治政府建设年度报告仍需加强

一是县（市、区）政府年度报告发布有待提升。2020 年，120 家县（市、区）政府中，有 37 家未公开 2019 年法治政府建设年度报告。二是年度报告发布不及时现象比较突出。有 31 家评估对象未按时发布 2019 年法治政府建设年度报告，部分单位甚至延迟到下半年才发布。三是部分单位年度报告内容不完整。在 34 家国务院部门中，披露比率较低的事项包括：2019 年本机关负责人出庭应诉情况，占 5.88%；行政复议收结案数据，占 23.53%；行政诉讼数据，占 23.53%；重大行政决策公众参与情况，占 38.24%；规范性文件管理机制建设情况，占 41.18%；重大行政决策合法性审查的情况，占 50.00%；上一年度法治政府建设存在的问题，占 52.94%；法治政府责任制落实情况，占 58.82%。在 31 家省级政府中，披露 2019 年规范性文件管理机制建设情况的仅有 16 家，占 51.61%；披露行政机关负责人出庭应诉情况的仅有 8 家，占 25.81%。在 49 家较大的市政府中，披露 2019 年规范性文件管理机制建设情况的仅有 23 家，占 46.94%；披露行政机关负责人出庭应诉情况的仅有 25 家，占 51.02%。在发布了报告的 105 家县（市、区）政府中，披露 2019 年行政诉讼数据的仅有 44 家，占 41.90%；披露 2019 年行政机关负责人出庭应诉情况的仅有 45 家，占 42.86%。此外，各地还存在报告名称不一致、发布渠道和发布机构不统一等现象。

6. 省级以下地方政府审计信息公开有待提升

较大的市政府和县（市、区）政府审计信息公开情况不理想。一是政府审计计划信息公开情况较差，有 31 家较大的市政府、76 家县（市、区）政府未公开 2020 年度审计计划，分别占 63.27% 和 63.33%。二是本级预算执行情况和其他财政收支审计结果报告公开程度不高，有 27 家较大的市政府、102 家县（市、区）政府未公开，分别占 55.10% 和 85.00%。三是重大政策措施落实情况跟踪审计报告公开力度不够，有 29 家较大的市政府、103 家县（市、区）政府未公开，分别占 59.18% 和 85.83%。

7. 建议提案办理结果公开仍不理想

一是国务院部门和县（市、区）政府建议提案复文公开比例较低。国务院部门和 120 家县（市、区）政府中，公开 2020 年人大建议复文全文的分别占 28.57% 和 45.00%，公开 2020 年政协提案复文全文的分别占 24.49% 和 46.67%。二是部分地方建议提案答复信息公开不全。一些地方仅公开人大建议的复文或者仅公开政协提案的复文，一些地方仅发布对上一级两会建议提案的办理结果。

8. 地方政府债务信息公开仍需加强

一是政府债券资金使用安排情况公开有待提升。从本地区政府债券资金使用安排决算情况看，仅有 13 家省级政府、13 家较大的市政府、47 家县（市、区）政府公开了相关信息，其中仅 1 家公开细化到具体使用项目。从本级政府债券资金使用安排决算情况看，仅有 10 家省级政府、13 家较大的市政府公开了相关信息。此外，部分单位未区分本级和所辖地区新增债券使用项目。二是部分单位政府债务信息统计不规范。部分单位未公开债务还本、付息决算信息；部分省级政府对政府债务收入、举借额数值总体进行公开，未划分债券发行统计项；部分单位对政府债务还本、债务付息额决算数值总体进行公开，未划分债券还本、债券付息统计项。

9. 基层义务教育信息公开仍存不足

一是计划招生人数公开情况较差。有 82 家县（市、区）政府未公开 2020 年（公办）小学计划招生人数，77 家县（市、区）政府未公开 2020 年（公办）初中计划招生人数。另有个别地方仅公开了招生总数或招生班数，未公开具体人数计划。二是多数单位未公开义务教育招生结果。有 105 家县（市、区）政府未公开小学招生结果，106 家县（市、区）政府未公开初中招生结果。三是学校招生简章公开率低。在每个县（市、区）政府随机抽查 1 所公办学校发现，仅有 9 家县（市、区）政府的被抽查学校公开了学校招生简章，占比仅为 7.50%。四是个别单位义务教育信息整体公开程度较低。如黑龙江省东宁市、吉林省前郭县、辽宁省瓦房店市和海城市等未公开 2020 年义务教育阶段入学工作文件（或年度招生工作方案）、咨询电话、招生范围（学区划分情况）、计划招生人数、普通学生入学条件和随迁子女入学条件、招生结果等信息。

10. 政务公开平台建设水平仍待提升

一是个别单位仍存在栏目设置重叠现象，主要集中在公告公示、政策解读等栏目。二是个别单位网站仍未提供搜索功能或搜索功能不完善，有41家评估对象的门户网站没有精准（高级）检索功能，占16.47%，有128家评估对象网站未与政务服务打通，实现"搜索即服务"，占51.41%。三是多数单位网站互动平台可用率相对较低，部分单位群众来信处理不及时，公众参与程度不高的问题普遍存在。四是个别单位仍未开通政务新媒体，涉及5家国务院部门、2家较大的市政府和12家县（市、区）政府，分别占10.20%、4.08%、10.00%。五是个别单位政务新媒体内容更新不及时。有5家国务院部门、5家较大的市政府和20家县（市、区）政府政务新媒体更新情况低于一周一次，分别占10.20%、10.20%、16.67%。此外，部分单位政务新媒体与政府网站信息未同步发布。

11. 部分地方依申请公开仍存在短板

部分地方的政府信息公开指南未更新或不准确。3家评估对象的指南中未列明依申请公开答复期限，26家评估对象将新条例中需"加工、分析"的信息"可以不予公开"直接表述为"不予公开"，24家评估对象将"过程信息、内部信息""可以不予公开"直接表述为"不予公开"，41家未列明告知补正的期限，40家所列明的投诉举报条款内容未更新。此外，14家评估对象的指南缺少办公时间、联系电话等要素。

部分评估对象存在未答复、超期答复、答复内容不规范的情况。有 9 家县（市、区）政府超期答复，有 11 家未答复。部分评估对象答复形式不规范，有 11 家评估对象出具的答复告知书落款仅盖公章未写明落款单位名称，42 家使用非官方工作邮箱答复，4 家仅通过电话进行答复。部分评估对象答复内容不规范。有 11 家答复不予公开的单位未说明法律依据；有 27 家未列出复议受理部门或有管辖权法院的具体名称，有 8 家救济渠道内容有误，有 37 家未告知救济渠道。

三　各领域评估结果

（一）重大决策预公开

重大决策预公开主要考察 49 家国务院部门、31 家省级政府、49 家较大的市政府和 120 家县（市、区）政府门户网站是否公开 2020 年度重大行政决策事项目录、是否设置决策预公开专门栏目并集中发布决策预公开信息，上述评估对象门户网站或其政府法制部门网站是否公开 2019 年度重大行政决策的意见征集及反馈情况。另外，根据 2019 年 9 月 1 日正式实施的《重大行政决策程序暂行条例》第三条的规定，重大行政决策事项主要包括：有关公共服务、市场监管、社会管理、环境保护等方面的重大公共政策和措施；经济和社会发展等方面的重要规划；开发利用、保护重要自然资源和文化资源的重大公共政策和措施；在本行政区域实施的重大公共建设项目等其他对经济社会发展有重大影响、涉及重大公共利益或者社会公众切身利益的其他重大事项。显然，本次评估对重大决策事项的界定较往年更加严格。

1. 评估发现的亮点

（1）重大行政决策事项目录主动公开程度有所提高

评估发现，有 2 家省级政府、18 家较大的市政府（相较于 2019 年度增长了 50.00%）、39 家县（市、区）政府门户网站公开了 2020 年度重大行政决策事项目录。其中湖北省武汉市、河南省郑州市、广东省广州市海珠区、广东省惠州市博罗县、广东省深圳市罗湖区、浙江省杭州市拱墅区、浙江省宁波市鄞州区、浙江省杭州市萧山区重大决策事项目录要素完整，列明了决策事项、承办部门、决策时间及是否听证的信息；浙江省杭州市拱墅区进一步在目录中区分完整决策程序和一般决策程序并详细列明了实施计划；广东省珠海市、山东省淄博市、浙江省金华市义乌市设置了重大决策预公开事项目录专门栏目。

（2）2020 年度重大决策草案的起草信息公开程度较高

《重大行政决策程序暂行条例》第十五条规定，决策事项向社会公开征求意见的，决策承办单位应当通过政府网站、政务新媒体以及报刊、广播、电视等便于社会公众知晓的途径，公布决策草案及其说明等材料，明确提出意见的方式和期限。对于一些社会公众普遍关心或专业性、技术性较强的政策，决策制定单位随草案配发起草说明，有助于公众理解草案的来龙去脉，从而提高公众参与反馈的积极度。评估发现，省级和较大的市政府中，仅有少数单位发布了重大决策草案，因此本次的评估放宽了对决策草案发布机构的要求，统计结果包括省、市政府部门发布的决策草案。其中有34家国务院部门、17家省级政府、41家较大的市政府、49家县（市、区）政府门户网站公开了2020年度重大决策草案，相较于2019年度国务院部门、省级政府和较大的市政府分别提高了3.00%、13.30%和21.20%。其中，有23家国务院部门、6家省级政府、19家较大的市政府及8家县（市、区）政府随草案同时发布了重大决策草案说明。

（3）大部分地区设置了意见征集渠道，且渠道多样

评估发现，有34家国务院部门、17家省级政府、41家较大的市政府及47家县（市、区）政府设置了重大决策草案的意见征集渠道，且多数评估对象开通了电子邮件、信函、在线平台、传真等多种渠道收集意见，便于群众参与。

（4）部分评估对象决策草案的意见采纳情况公开较好

评估发现，有8家国务院部门公开了意见征集的整体情况，其中 6 家公开了意见采纳情况，相比 2019 年增长了 1 倍；有 10 家省级政府公开了意见征集的整体情况，其中 6 家公开了意见采纳情况，相比 2019 年增长了 1 倍；有 31 家较大的市政府公开了意见征集的整体情况，其中 16 家公开了意见采纳情况；有 35 家县（市、区）政府公开了意见征集的整体情况，其中 7 家公开了意见采纳情况。如商务部公开了反馈意见全文并按性质分类。国家市场监督管理总局公开了征集意见的数量，总结提炼了意见的主要内容，并具体介绍了所采纳意见及不采纳的理由。

（5）大部分地区设置专门栏目公开重大决策预公开信息

评估发现，有 35 家国务院部门（相比 2019 年度增加了 9.40%）、20 家省级政府、40 家较大的市政府（相比 2019 年度增加了 5.30%）以及 57 家县（市、区）政府门户网站设置了意见征集专门栏目，例如，政策预公开、决策前公开、意见征集、征求意见、征集调查、网上听证等专栏集中发布重大决策预公开草案及征集公众意见的信息。

部分评估对象栏目设置非常便民，集中发布预公开信息，即汇集同一条意见征集的草案、反馈意见等。其中有 6 家国务院部门、10 家省级政府、31 家较大的市政府及 48 家县（市、区）政府均集中发布重大决策预公开信息。如湖北省人民政府在征集已完成的草案后设置了醒目的红色"反馈"快捷跳转按钮，便于公众直接查看反馈意见。贵州省人民政府、武汉市人民政府则直接在草案全文后附征集结果和意见列表。广东省广州市越秀区分"意见征集"和"结果反馈"两个子栏目。福建省泉州市晋江市征集意见、草案、反馈以及征集结果分析均在同一网页。

（6）大部分评估对象在意见征集栏目中区分征集状态

评估发现，有 17 家国务院部门、11 家省级政府、26 家较大的市政府及 32 家县（市、区）政府在意见征集栏目中对征集状态进行了区分。有的直接在征集草案上标注征集状态或截止日期，如民政部、广东省、山东省青岛市、云南省昆明市、上海市黄浦区、江苏省张家港市等在征集草案后标注"已结束"和"进行中"；住房和城乡建设部在征集草案后备注截止日期。

2. 评估发现的问题

（1）重大行政决策事项目录完整性有待改进

重大决策事项目录包括是否列明了决策事项、承办部门、决策时间和是否听证信息。评估发现，共 2 家省级政府制作发布了 2020 年度重大行政决策事项目录，但要素并不完整。在 18 家制作发布 2020 年度重大行政决策事项目录的较大的市政府中有 16 家要素不完整，占 88.89%。在 39 家制作发布 2020 年度重大行政决策事项目录的县（市、区）政府中有 32 家目录要素不全，占 82.05%。其要素不全普遍表现为缺少决策时间和是否听证信息。

（2）多数评估对象未公开草案解读信息

在对决策草案进行意见征集的同时，决策制发单位应同时通过政府网站、新闻媒体或自媒体平台对草案进行解读。这有助于增进公众对政策的理解，以利于未来政策的顺利执行。评估发现，在 34 家公布了决策草案的国务院部门中有 27 家未公布草案解读，未公开率为 79.41%。在 17 家公布了决策草案的省级政府中有 14 家未公布草案解读，未公开率为 82.35%。在 41 家公布了决策草案的较大的市政府中有 30 家未公布草案解读，未公开率为 73.17%。在 49 家公布了决策草案的县（市、区）政府中有 48 家未公开草案解读信息，未公开率为 97.96%。

（3）部分评估对象未明确意见征集期限或意见征集期限较短

《重大行政决策程序暂行条例》第十五条规定，公开征求意见的期限一般不少于 30 日；因情况紧急等原因需要缩短期限的，公开征求意见时应当予以说明。评估发现，在 2020 年度对重大决策草案进行了征集意见的评估对象中，有 2 家县（市、区）政府没有告知意见征集期限。有 18 家国务院部门、10 家省级政府、23 家较大的市政府和 36 家县（市、区）政府征集意见的期限少于 30 个工作日且未说明理由。

（4）对所征集意见的整体反馈情况公开质量有待提高

草案征集的整体情况包括征集到的意见数量及主要观点。部分评估对象对征集到的意见公开程度不够，缺少整体情况描述。评估发现，有 27 家国务院部门、7 家省级政府、10 家较大的市政府和 14 家县（市、区）政府未公开意见征集的整体情况。

（5）多数评估单位决策预公开专门栏目中信息发布混乱

在政府门户网站中设置专门的决策预公开栏目，方便公众获取近期发布的政策草案并提交建议意见。但是，评估发现仍有多数评估对象存在信息发布混乱的情况。例如有的国务院部门虽然设置了意见征集栏目，但栏目中没有发布 2020 年度决策预公开信息。有的省级政府意见征集栏目中发布的是省级政府部门和设区市的意见征集，有的则是将立法征集、决策征集、调查问卷、活动策划意见征集公告等混乱放在一个栏目。

（二）　建议提案办理结果公开

2020 年度建议提案办理结果公开情况的评估对象包括 49 家国务院部门、31 家省级政府、49 家较大的市政府和 120 家县（市、区）政府。本次评估指标主要包括政府门户网站是否设置专门栏目集中发布人大代表建议和政协委员提案办理结果，是否公开 2020 年人大代表建议、政协委员提案办理复文全文，是否公开本单位 2020 年办理建议提案总体情况。

1. 评估发现的亮点

（1）大部分单位门户网站设置了专门栏目

评估发现，49 家国务院部门、31 家省级政府、49 家较大的市政府以及 120 家县（市、区）政府中，在门户网站设置专门栏目集中发布人大代表建议和政协委员提案办理结果的占比分别为 93.88%、100.00%、91.84% 和 85.83%。

其中部分单位专栏设置较为细致，按照公开信息内容又细分了子栏目，便于查询，例如，财政部的"建议提案"专栏以时间为基准，将 2006 年到 2020 年的复文分类公开；湖南省长沙市长沙县在专栏下细分"省市建议提案办理"和"县建议提案办理"；内蒙古自治区包头市则细分到各个部门所承办的人大建议和政协提案办理复文。

（2）市级以上政府建议提案办理结果公开率较高，且全文公开

省级政府人大建议办理结果公开率和政协提案办理结果公开率分别为 93.55% 和 93.55%，位居评估对象类别的首位；较大的市政府人大建议和政协提案办理结果公开率分别为 83.67% 和 81.63%。与其他评估对象相比，省级政府和较大的市政府对建议提案的处理和答复展现了更高的效率；同时答复内容均全文公开，对建议或提案的回复内容展现更为全面，包括具体解决办法或政府单位为此做出的调整和规划，故而省级政府和较大的市政府对建议提案办理复文公开具有较高的专业性和规范性。

2. 评估发现的问题

（1）部分单位建议提案答复信息公开不全面

评估发现，一些单位虽然设置了建议提案办理的专栏，但专栏内办理情况和答复全文只更新到 2019 年，未及时更新 2020 年本级政府建议提案的办理情况。一般情况下，人民代表大会及政协会议在第一季度召开，而本次评估截止时间为 12 月底，仍存在部分单位建议提案办理复文未及时公开；另外一些单位在专栏里仅仅发布对上一级两会的办理答复情况，缺少本级政府两会的办理答复情况。

（2）国务院部门和县（市、区）政府建议提案办理结果公开率仍有提升空间

49 家国务院部门中，公开 2020 年人大建议复文全文的单位占比为 67.35%，公开 2020 年政协提案复文全文的占比为 63.27%。

120 家县（市、区）政府中，公开 2020 年人大建议复文全文的单位占比为 67.50%，公开 2020 年政协提案复文全文的单位占比为 60.83%；还有 5.83% 的单位仅公开复文内容摘要，未公开复文全文。

（3）建议提案办理总体情况公开不理想

建议提案办理总体情况公开比例较低。评估发现，截至 2020 年 12 月底，在 49 家国务院部门、31 家省级政府、49 家较大的市政府和 120 家县（市、区）政府中，仍分别有 44 家、26 家、45 家、100 家评估对象未公开 2020 年度人大代表建议办理总体情况信息；仍分别有 44 家、28 家、45 家、100 家评估对象未公开 2020 年度政协委员提案办理总体情况信息。

少数公开了建议提案办理总体情况的单位中，也存在公开不全面、不规范的问题。如有的区政府仅公开区房管处的人大建议和政协提案的办理总体情况；有的将区两会的办理总体情况发布在"市两会办理基本情况"栏目内，办理总体情况信息上传栏目不规范。

（三）权力清单公开

中共中央、国务院印发的《法治政府建设实施纲要（2015—2020年）》要求，大力推行权力清单、责任清单、负面清单制度并实行动态管理。在全面梳理、清理调整、审核确认、优化流程的基础上，将政府职能、法律依据、实施主体、职责权限、管理流程、监督方式等事项以权力清单的形式向社会公开，逐一厘清与行政权力相对应的责任事项、责任主体、责任方式。《中央编办法制办关于深入推进和完善地方各级政府工作部门权责清单制度的指导意见》要求，在地方各级政府工作部门推行权力清单制度，这是党中央、国务院部署的重要改革任务，是巩固和拓展"放管服"改革成果的有效手段，也是推进国家治理体系和治理能力现代化的重要基础性制度，必须全面落实、逐步完善、不断深化。

各级政府部门公开本级政府权力清单及动态调整的情况主要考察49家国务院部门网站是否发布权力清单；是否公布全国统一、简明易行的监管规则和标准；31家省级政府、49家较大的市政府、120家县（市、区）政府网站是否发布权力清单，权力清单内容是否根据新职能做了调整（各级政府最新版清单中是否有医保局、退役军人事务局权力清单；各级政府最新版清单中卫生健康委、应急管理局、生态环境局的单位名称及权力事项是否调整）；权力清单内容是否根据政策文件及时进行调整更新（各级政府卫健主管部门是否根据《中华人民共和国疫苗管理法》相关规定，及时更新权力清单中"群体性预防接种"相关权力事项）；120家县（市、区）政府是否根据《保障农民工工资支付条例》第63条及时更新权力清单中"先行垫付农民工工资及追偿权，用人单位一时难以支付拖欠的农民工工资或者拖欠农民工工资逃匿的，县级以上地方人民政府可以动用应急周转金，先行垫付用人单位拖欠的农民工部分工资或者基本生活费。对已经垫付的应急周转金，应当依法向拖欠农民工工资的用人单位进行追偿"相关权力事项。

1. 评估发现的亮点

（1）各级政府权力清单公开透明度较高

评估发现，有30家省级政府、46家较大的市政府、112家县（市、区）政府直接公布了近两年的权力清单或链接至政务服务网权力清单栏目，分别占96.77%、93.88%和93.33%。其中，部分政府同时在政府门户网站与政务服务网发布权力清单，方便公众多渠道查询。

（2）权力清单集中展示

除山西省政府网站专栏在测评周期内无法访问外，省级政府、较大的市政府和县（市、区）政府中有192家评估对象设置了权力清单相关专栏，其中部分政府同时在本级门户网站与政务服务网中设置权力清单相关专栏，集中展示本单位权力清单，例如，北京市、辽宁省鞍山市、河南省洛阳市、浙江省杭州市拱墅区等。此外，部分政府在政务服务网站权力清单专栏内设置了关键词搜索框，支持在限定部门或行政权力类型的条件下，通过关键词搜索相关权力事项，便于公众准确、迅速地了解到相关信息，例如，青海省、上海市、江苏省江阴市等。

（3）国务院部门监管规则和标准公布情况好

《国务院办公厅关于印发2020年政务公开工作要点的通知》要求贯彻落实党中央、国务院关于深化"放管服"改革优化营商环境的决策部署，向市场主体全面公开市场监管规则和标准，以监管规则和标准的确定性保障市场监管的公正性。评估发现，在49家国务院部门中，有37家评估对象公开了统一、简明易行的监管规则和标准，在行政审批、行政处罚等事项清单中列出了明确的文件依据，其中有10家评估对象还单独公布了相关的监管文件，例如，国家粮食和物资储备局公布了《中央储备粮代储资格管理办法》；国家发展和改革委员会公布了《关于加强天然气输配价格监管的通知》《油气开发项目备案及监管暂行办法》；国家知识产权局公布了《关于加强专利代理监管的工作方案》。

（4）机构改革单位权力清单调整情况较好

适应各级政府机构改革职能划转和行政执法体制改革的需要，随着权责清单编制工作、清单制度体系的进一步推进与完善，各级政府需及时调整权责清单。2020年，项目组对前两年机构改革部门权力清单进行了考察，重点考察了各级政府的医疗保障部门、退役军人事务管理部门、卫生健康主管部门、应急管理部门、生态环境部门的权力清单事项是否调整。在31家省级政府、49家较大的市政府、120家县（市、区）政府中，有112家评估对象完全调整了权力清单；72家评估对象调整了部分部门的权力清单，例如，辽宁省、陕西省西安市等未及时调整医保局权力清单，湖南省长沙市、福建省福州市等未及时调整医保局和退役军人事务局权力清单；仅10家评估对象，如青海省西宁市城东区、天津市滨海新区等政府相关部门未对权力清单做出调整。总体而言，机构改革单位权力清单调整情况较2019年有较大改进。

2. 评估发现的问题

（1）部分单位多栏目公开权力清单但信息不同源

评估发现，部分县（市、区）政府单位同时在政府门户网站和政务服务网发布了权力清单，但存在公开版本不一致的现象。例如，某区政府门户网站发布的权力清单中未包含医保局、退役军人事务局，且卫生健康委、应急管理局和生态环境局的单位名称也未根据机构改革进行更改，而政务服务网权力清单栏目已对清单进行了调整。

（2）各级政府权力清单内容更新情况不佳

为了加强疫苗管理，保证疫苗质量和供应，规范预防接种，促进疫苗行业发展，保障公众健康，维护公共卫生安全，《中华人民共和国疫苗管理法》于2019年6月通过并于2019年12月1日正式施行。据此，项目组重点考察各级政府卫健主管部门是否根据《中华人民共和国疫苗管理法》相关规定，及时更新权力清单中"群体性预防接种"相关权力事项。评估发现，在31家省级政府、49家较大的市政府、120家县（市、区）政府单位中，除了未发布权力清单的8家评估对象和权力清单中未列明文件依据的2家评估对象外，仅有3家评估对象对群体性疫苗接种相关权力事项及时进行更新，分别是江西省、湖北省和辽宁省鞍山市，将"对疾病预防控制机构、接种单位擅自进行群体性预防接种的处罚""对卫生主管部门、疾病预防控制机构、接种单位以外的单位或者个人违反《疫苗流通与预防接种管理条例》规定进行群体性预防接种的处罚"等权力事项的文件依据由已废止的《疫苗流通和预防接种管理条例》更改为现行的《中华人民共和国疫苗管理法》；其余187家评估对象中，有63家评估对象发布的权力清单中未包含"群体性预防接种"相关权力事项，有124家评估对象发布的权力清单中"群体性预防接种"相关权力事项依据仍表述为已废止的《疫苗流通和预防接种管理条例》，未及时调整更新。

为了规范农民工工资支付行为、保障农民工按时足额获得工资，《保障农民工工资支付条例》在国务院第73次常务会议通过，并于2020年5月1日起实施。项目组根据该条例，考察县（市、区）政府人力资源和社会保障行政部门权力清单中是否包含"先行垫付农民工工资及追偿权，用人单位一时难以支付拖欠的农民工工资或者拖欠农民工工资逃匿的，县级以上地方人民政府可以动用应急周转金，先行垫付用人单位拖欠的农民工部分工资或者基本生活费。对已经垫付的应急周转金，应当依法向拖欠农民工工资的用人单位进行追偿"相关权力事项。评估发现，在公开权力清单的 115 家县（市、区）政府中，其权力清单内容均未包含"先行垫付农民工工资及追偿权"相关权力事项。

省级政府、较大的市政府和县（市、区）政府权力清单内容未根据相关政策文件及时更新，一方面由于文件颁布实施不久，未及时部署落实或正在部署中；另一方面由于上半年疫情严重，卫生健康等相关主管部门需优先统筹安排抗疫相关事宜，在一定程度上影响了权力清单内容的调整更新。

（3）国务院部门权力清单公开情况不佳

国务院部门中，仅有 6 家评估对象公布了近两年的权力清单，分别是国家林业和草原局、国家能源局、国家铁路局、国家药品监督管理局、国家税务总局、文化和旅游部，其中国家林业和草原局、国家铁路局、国家药品监督管理局及文化和旅游部权力清单内容不全面，仅包含"行政许可"权力事项；有 34 家评估对象发布了部分权力事项清单，例如，自然资源部、生态环境部等仅发布了行政审批事项清单；另外 9 家评估对象未公开权力清单或者未公开单项权力事项清单。

（四）政务服务信息公开

《国务院关于加快推进全国一体化在线政务服务平

台建设的指导意见》要求深入推进"互联网＋政务服务"，加快建设全国一体化在线政务服务平台，整合资源，优化流程，强化协同，着力解决企业和群众关心的热点难点问题，推动政务服务从政府供给导向向群众需求导向转变，进而优化营商环境、便利企业和群众办事、激发市场活力和社会创造力，建设人民满意的服务型政府。对政务服务相关信息公开情况的评估主要考察了对外有政务服务事项的46家国务院部门、31家省级部门、49家较大的市政府、120家县（市、区）政府关于政务服务事项目录、政务服务事项办事指南、确需保留的证明事项清单公开情况，对省、市、县政府还考察了个人"全生命周期"和企业"全生命周期"办事服务事项集中展示情况，以及外商投资企业投诉相关文件的公开情况，对县（市、区）政府还考察了不动产登记集成办理承诺时限、拖欠农民工工资的举报投诉渠道建设情况。

1. 评估发现的亮点

（1）政务服务事项目录的公开情况较好

《关于加快推进"互联网＋政务服务"工作的指导意见》明确要求，要依据法定职能全面梳理行政机关、公共企事业单位直接面向社会公众提供的具体办事服务指南，编制并公开政务服务事项目录。评估发现，42家国务院部门和所有的省级政府、较大的市政府、县（市、区）政府均公开了政务服务事项目录，国务院部门的公开率达91.30%，地方政府继续保持100%的公开率，政务服务事项目录公开情况逐年向好。

（2）省级政务服务事项办事指南公开情况较好

《中华人民共和国发票管理办法》第七条规定，增值税专用发票由国务院税务主管部门确定的企业印制；其他发票，按照国务院税务主管部门的规定，由省、自治区、直辖市税务机关确定的企业印制。禁止私自印制、伪造、变造发票。对省级政府本次选取了企业印制发票审批事项的办事指南，主要考察此项政务服务指南的公开情况。

评估发现，除了陕西省外，其他30家省级政府均公开了企业印制发票审批事项的办事指南，且指南内容较规范具体，均公开了办理依据、申报条件、办理期限、办理流程、收费标准、联系方式或咨询渠道；有28家评估对象公开了申报材料，且申报材料明确，不存在兜底性材料要求，占比为93.33%；20家评估对象申请表/书类材料提供了空白表格/格式文本，占比为66.67%，17家评估对象申请表/书类材料提供了样表或填报说明/填写参照文本，占比为56.67%；26家评估对象公开了明确具体的办理地点，占比为86.67%，服务指南公开质量整体较好。

(3) 市场主体和个人"全生命周期"事项展示良好

市场主体和个人"全生命周期"的办事服务事项集成式、一站式公开情况较好。对"全生命周期"办事服务事项集中展示的评估,主要考察省级政府、较大的市政府、县(市、区)政府是否通过专题、专栏、专门图解、指南汇编等方式集成展示。评估发现,有30家省级政府、48家较大的市政府、107家县(市、区)政府能够集成展示市场主体(企业)"全生命周期"办事服务事项,占比分别为96.77%、97.96%、89.17%;有24家省级政府、43家较大的市政府、97家县(市、区)政府能够集成展示个人"全生命周期"办事服务事项,占比分别为77.42%、87.76%、80.83%,"全生命周期"的办事服务事项集成式展示程度较高。部分单位对"全生命周期"的办事服务事项的归类科学、清晰,便于查询,例如,河南省的个人"全生命周期"事项,按人生事件,分升学、工作、购房、结婚、生育、失业、创业、迁居、退休、后事、其他事项等11类事项集中展示;青海省的法人"全生命周期"办事服务事项,从融资信贷到应对气候变化细分了34种事项,分类细致。

2. 评估发现的问题
(1) 国务院部门多栏目公开指南内容不一致

《国务院办公厅关于建立政务服务"好差评"制

度提高政务服务水平的意见》指出，要根据法定职责和权责清单，基于国家政务服务事项基本目录，编制完整的政务服务事项清单，并纳入全国一体化在线政务服务平台管理，实现同一事项的名称、编码、依据、类型等基本要素统一；要求逐项编制、完善办事指南，明确受理单位、办理渠道、申请条件、申请材料、办理程序、办理时限、收费依据及标准、评价渠道等要素，推进同一事项无差别受理、同标准办理。

国家政务服务平台首页设置了"直通国务院部门"和"国务院部门服务窗口"两处用于公开国务院部门线上办事通道及办事指南，多数国务院部门网站设置了专栏集中公开政务服务事项办事指南及办事渠道。评估发现，仅国家药品监督管理局、中国民用航空局、教育部等5家国家政务服务网站上在首页"直通国务院部门""国务院部门服务窗口"和部门网站中公开指南内容一致，仅占10.87%；其余41家国务院部门中，除了3家评估对象未公开政务服务事项指南、3家评估对象仅通过部门网站等单一渠道公开外，其余单位均存在多处指南内容不完全一致的问题，不便于公众参照指南做好办事前准备。

（2）较大的市和县（市、区）政府部分办事指南公开程度不高

《中华人民共和国户口登记条例》第十三条规定，

公民迁移，从到达迁入地的时候起，城市在 3 日以内，农村在 10 日以内，由本人或者户主持迁移证件向户口登记机关申报迁入登记。对较大的市和县（市、区）政府本次选取了离退休老人投靠子女进本地入非农业户口事项的办事指南，主要考察此项政务服务指南的公开情况及公开质量。评估发现，有 29 家较大的市政府、27 家县（市、区）政府未公开离退休老人投靠子女进本地入非农业户口事项的办事指南。这说明，目前各地政府梳理发布的政务服务事项目录仍不够全面，在线政务服务不能覆盖全部办事事项，给群众查阅信息、办理相关事项带来障碍。

在公开了离退休老人投靠子女进本地入非农业户口事项办事指南的 20 家较大的市政府、93 家县（市、区）政府中，有 6 家评估对象未公开办理依据，7 家评估对象办理依据不够明确；4 家评估对象未公开申报条件，3 家评估对象申报条件不够明确，存在"其他条件"等模糊性兜底条件；8 家评估对象未公开申报材料；10 家评估对象未提供办理地点或地点描述不明确；3 家评估对象未公开办理流程；5 家评估对象未公开办理期限；6 家评估对象未公开收费标准；7 家评估对象未公开联系方式或咨询渠道。这说明，服务指南公开质量仍有提升空间。

（3）确需保留的证明事项清单公开率不高

《国务院办公厅关于做好证明事项清理工作的通

知》要求，各地区、各部门自行设定的证明事项，最迟要于 2018 年底前取消。根据该文件的时间进度要求，2020 年各地区、各部门均应完成自行设定的证明事项清理工作。

评估发现，有 23 家国务院部门、19 家省级政府、34 家较大的市政府、38 家县（市、区）政府梳理并公开了确需保留的证明事项清单，公开率分别为 50.00%、61.29%、69.39%、31.67%。部分单位公开的确需保留的证明事项清单存在清单更新不及时、发布不规范的问题。

23 家国务院部门只发布了 2018 年、2019 年或 2020 年确需保留的证明事项清单征求意见稿，但征求意见后未发布最终实施版本。19 家省级政府中，有 5 家评估对象证明事项清单中设定依据、索要单位、开具单位等要素公开不全。34 家较大的市政府中，有 11 家评估对象证明事项清单中设定依据、索要单位、开具单位等要素公开不全。38 家县（市、区）政府中，有 19 家评估对象证明事项清单中设定依据、索要单位、开具单位等要素公开不全。

（4）外商投资企业投诉公开情况不佳

商务部《外商投资企业投诉工作办法》的出台旨在加大保护外商投资企业合法权益的力度，完善外商投资企业投诉工作机制，及时有效处理外商投资企业投诉，保护外商投资企业合法权益，持续优化外商投资环境。

本次评估中，项目组对省、市、县（市、区）政府公开本地区外商投资企业投诉相关文件的情况进行了评估，主要考察是否公开外商投资企业投诉的工作规则、投诉方式、处理期限。评估发现，省级政府、较大的市政府、县（市、区）政府关于本地区外商投资企业投诉相关文件公开率不高，分别为 32.26%、12.24%、0.83%。在公开外商投资企业投诉相关文件的单位中，有 3 家评估对象文件内容规定不全面，分别为《新疆维吾尔自治区外商投资企业投诉服务工作联席会议制度》《山西省人民政府办公厅关于同意建立山西省外来投资企业投诉服务工作联席会议制度的函》文件内容缺少投诉方式、处理期限，《河北省外商投诉处理办法》文件内容缺少投诉方式。

（5）不动产登记集成办理时间公开程度低

《国务院办公厅关于压缩不动产登记办理时间的通知》要求，以推进国家治理体系和治理能力现代化为目标，以为企业和群众"办好一件事"为标准，加强部门协作，实行信息共享集成、流程集成或人员集成，进行全流程优化，压缩办理时间，切实解决不动产登记耗时长、办理难问题。2019 年底前，流程精简优化到位，不动产登记数据和相关信息质量明显提升，地级及以上城市不动产登记需要使用有关部门信息的通过共享获取，全国所有市县一般登记、抵押登记业务办理时间力争分别压缩至 10 个、5 个工作日以内；2020 年底前，不动产登记数据完善，所有市县不动产登记需要使用有关部门信息的全部共享到位，"互联网＋不动产登记"在地级及以上城市全面实施，全国所有市县一般登记、抵押登记业务办理时间力争全部压缩至 5 个工作日以内。

本次评估中，项目组观察了县（市、区）政府关于不动产登记网上集成办理承诺时限的公开情况。评估发现，虽有 48 家评估对象在政府网站设置了不动产登记"一窗受理，集成办理"专栏，但仅江苏省常熟市、浙江省温州市瓯海区明确公开了不动产登记的集成办理时间，分别为 5 个和 7 个工作日。

（6）拖欠农民工工资的举报投诉渠道公开度不高

《保障农民工工资支付条例》规定，被拖欠工资的农民工有权依法投诉，或者申请劳动争议调解仲裁和提起诉讼。任何单位和个人对拖欠农民工工资的行为，有权向人力资源和社会保障行政部门或者其他有关部门举报。人力资源和社会保障行政部门和其他有关部门应当公开举报投诉电话、网站等渠道，依法接受对拖欠农民工工资行为的举报、投诉。对于举报、投诉的处理实行首问负责制，属于本部门受理的，应当依法及时处理；不属于本部门受理的，应当及时转送相关部门，相关部门应当依法及时处理，并将处理结果告知举报人、投诉人。

本次评估中，项目组对县（市、区）政府关于拖欠农民工工资的举报投诉渠道公开情况进行了考察。评估发现，仅江苏省江阴市、福建省福州市鼓楼区公开了举报投诉电话，如江苏省江阴市《关于在住建建设领域实施农民工工资支付长效管理的专项方案》中详细公开了建工处电话、劳动者权益服务中心电话、劳动人事争议仲裁院电话、法援中心电话；其他单位均未公开拖欠农民工工资的举报投诉电话、网站。

（五）"双随机"监管信息公开

《国务院关于在市场监管领域全面推行部门联合"双随机、一公开"监管的意见》（国发〔2019〕5号）要求，各有关部门要依照法律、法规、规章规定，建立本部门随机抽查事项清单，明确抽查依据、主体、内容、方式等；随机抽查事项清单应根据法律、法规、规章立改废释和工作实际情况等进行动态调整，并及时通过相关网站和平台向社会公开。要按照"谁检查、谁录入、谁公开"的原则，将抽查检查结果通过国家企业信用信息公示系统和全国信用信息共享平台等进行公示，接受社会监督；实现抽查检查结果政府部门间互认，促进"双随机、一公开"监管与信用监管有效衔接，对抽查发现的违法失信行为依法实施联合惩戒，形成有力震慑，增强市场主体守法自觉性。

项目组针对各级政府部门"双随机"监管信息的公开情况开展评估，其中对有双随机监管职能的 34 家国务院部门网站主要考察：是否有双随机专门或相关栏目、是否发布了本部门随机抽查事项清单、随机抽查事项清单的内容是否完整（是否包含抽查依据、抽查主体、抽查内容、抽查方式）、部门 2020 年做出的随机抽查结果和查处情况。31 家省级政府、49 家较大的市政府、120 家县（市、区）政府网站主要考察：是否有双随机专门或相关栏目、是否集中（专栏或政府统一公开各单位）发布本级各部门随机抽查事项清单、生态环境部门的随机抽查事项清单的内容是否完整（是否包含抽查依据、抽查主体、抽查内容、抽查方式）、是否发布了生态环境部门 2020 年做出的随机抽查结果和查处情况。

1. 评估发现的亮点

（1）部分单位双随机专栏设置情况较好

评估发现，有 12 家国务院部门在门户网站设置了双随机专门或相关栏目。例如，交通运输部专题专栏下设置了"双随机、一公开"专栏。14 家省级政府门户网站设置了双随机专门或相关栏目，其中贵州省人民政府重点领域公开下设置了"双随机、一公开"专栏，点击跳转至贵州省"双随机、一公开"监管平台，平台下抽查事项清单栏目可查看省直各部门、贵州省市级、县区级随机抽查事项清单。浙江省人民政府首页设置"双随机检查公开"栏目，点击跳转至浙江省政务服务网站"双随机抽查"栏目，可以查看全省各部门随机抽查事项清单、检查结果。32 家较大的市政府门户网站设置了双随机专门或相关栏目，例如，内蒙古自治区包头市人民政府"依法行政——包头市本级随机抽查事项清单"集中公开了各个部门的随机抽查事项清单、辽宁省抚顺市人民政府"双随机、一公开"栏目下设置"抽查单位""抽查结果""随机抽查事项清单"三个子栏目。80 家县（市、区）门户网站设置了双随机专门或相关栏目。如北京市通州区人民政府设置"行政执法公示"集中公开了各个部门的"行政检查"情况，"行政检查"栏目下设置"双随机抽查事项清单""执法检查结果"栏目。

（2）随机抽查事项清单公开情况较好

评估发现，考察的 34 家国务院部门中，有 21 家公开了随机抽查事项清单。有 19 家省级政府集中（专栏或政府统一公开各单位）发布了本级部门随机抽查事项清单。例如，青海省人民政府在《青海省人民政府办公厅关于印发青海省省级各部门（单位）"双随机"抽查事项清单的通知》中公开了 31 家省直部门的随机抽查事项清单。上海市人民政府通过"双随机"栏目公开了 23 家部门随机抽查事项清单。37 家较大的市政府集中（专栏或政府统一公开各单位）发布了本级部门随机抽查事项清单，例如，广东省广州市人民政府在"抽查事项清单"栏目公开了 39 家部门随机抽查事项清单。81 家县（市、区）集中（专栏或政府统一公开各单位）发布了本级部门随机抽查事项清单。例如，海南省海口市秀英区人民政府通过海口市政务服务网上大厅公开了 10 家部门随机抽查事项清单。

（3）较大的市、县（市、区）生态环境部门 2020 年随机抽查结果和查处情况公开情况良好

49 家较大的市政府、120 家县（市、区）政府单位中，有 36 家较大的市政府既公开了抽查结果又公开了查处情况；有 77 家县（市、区）政府既公开了抽查结果又公开了查处情况。例如，海南省海口市人民政府"双随机、一公开"栏目，点击后跳转至"海口政务服务网上大厅"统一公开各部门随机抽查结果和查处情况；四川省成都市生态环境局"监察执法—双随机信息公开"栏目，按月公开了生态环境局 2020 年做出的抽查结果和查处情况。

2. 评估发现的问题

(1) 国务院部门、省级政府门户网站"双随机、一公开"专栏设置情况有进一步提升空间

评估发现,考察的34家国务院部门、31家省级政府中,有22家国务院部门门户网站未设置双随机专门或相关栏目,占比为64.71%;有17家省级政府门户网站未设置双随机专门或相关栏目,占比为54.84%。门户网站双随机专门或相关栏目设置情况有进一步提升的空间。

(2) 随机抽查事项清单的内容完整性有待提升

评估发现,在公开随机抽查事项清单的21家国务院部门中,有10家国务院部门随机抽查事项清单内容不完整,随机抽查事项清单内容未全部包含抽查依据、抽查主体、抽查内容、抽查方式。在公开生态环境部门随机抽查事项清单的23家省级政府、37家较大的市政府和66家县(市、区)政府中,有8家省级政府、17家较大的市政府和29家县(市、区)政府生态环境部门随机抽查事项清单内容不完整,未全部包含抽查依据、抽查主体、抽查内容、抽查方式。

(3) 国务院部门、省级政府生态环境部门抽查结果和查处情况公开情况不理想

评估发现,考察的34家国务院部门、31家省级政

府中，有 29 家国务院部门未公开 2020 年随机抽查结果和查处情况，有 1 家国务院部门仅公开了抽查结果，未公开查处情况；有 27 家省级政府未公开 2020 年生态环境部门随机抽查结果和查处情况，有 3 家省级政府仅公开生态环境部门抽查结果，未公开查处情况。

（4）部分单位 2020 年随机抽查结果和查处情况信息发布较少、不规范、不及时

评估发现，部分单位虽公开了 2020 年随机抽查结果和查处情况，但存在信息发布较少、不规范、不及时的问题。例如，某省级政府在国家企业信用信息公示系统（西藏）网站中仅发布了 2 条生态环境部门随机抽查结果和查处情况信息；某省级政府生态环境厅"双随机、一公开"栏目下按月发布了"双随机、一公开"情况汇总表，但仅公开生态环境部门发现并查处违法问题的总数量，未列明各项抽查结果和查处情况具体信息；某省生态环境厅双随机信息公开栏目中缺少 1 月、2 月、3 月、5 月、8 月的随机抽查结果和查处情况，信息发布不连续、不及时。

（六）行政执法统一公示平台建设

行政执法是行政机关履行政府职能、管理经济社会事务的重要方式。《中共中央关于全面推进依法治国若干重大问题的决定》和《法治政府建设实施纲要（2015—2020 年）》对全面推行行政执法公示制度、执法全过程记录制度、重大执法决定法制审核制度（以下统称"三项制度"）作出了具体部署、提出了明确要求。聚焦行政执法的源头、过程、结果等关键环节，全面推行"三项制度"，对促进严格规范公正文明执法具有基础性、整体性、突破性作用，对切实保障人民群众合法权益，维护政府公信力，营造更加公开透明、规范有序、公平高效的法治环境具有重要意义。

《国务院办公厅关于全面推行行政执法公示制度执法全过程记录制度重大执法决定法制审核制度的指导意见》要求行政执法机关加强执法信息管理，及时准确公示执法信息，实现行政执法全程留痕，法制审核流程规范有序。要求加强信息化平台建设，大力推进行政执法综合管理监督信息系统建设，做到执法信息网上录入、执法程序网上流转、执法活动网上监督、执法决定实时推送、执法信息统一公示、执法信息网上查询，实现对行政执法活动的即时性、过程性、系统性管理。同时，意见要求，认真梳理涉及各类行政执法的基础数据，建立以行政执法主体信息、权责清单信息、办案信息、监督信息和统计分析信息等为主要内容的全国行政执法信息资源库，逐步形成集数据储存、共享功能于一体的行政执法数据中心。

　　本次评估中，项目组对31家省级政府、49家较大的市政府、120家县（市、区）政府网站行政执法平台建设情况进行了考察。

1. 评估发现的亮点

（1）近半数单位规范设置了行政执法信息公开平台

　　评估发现，有11家省级政府、34家较大的市政府、66家县（市、区）政府在政府门户网站、司法行政部门网站或政务服务平台设置了行政执法信息公开专栏。其中，有10家省级政府、28家较大的市政府、54家县（市、区）政府专栏设置较规范，栏目划分细致，定位准确，信息有序发布。例如，上海市执法公示平台内涵盖了市政府工作部门、区政府及街道乡镇、管委会及其他市级行政执法单位的各类执法信息，依据"执法主体、权限、随机抽查事项清单、执法人员（上海证件）、执法人员（国家证件）、程序流程、权力事项和办事指南、权责清单、举报投诉、救济渠道、双公示、其他行政执法决定、裁量基准、执法数据公开"此14种信息分类设置专门子栏目，单独公开各类信息；山西省政务服务平台设置了行政执法信息公示专题，集中公开省政府工作部门、所辖市的行政执法专栏链接，以省发展和改革委员会专栏为例，其专栏内设置"双公示、执法监督人员清单、执法事项清单、随机抽查事项清单、行政执法音像记录事项清单、重大行政执法决定法制审核目录清单、执法事项服务指南、重大行政执法决定法制审核流程图"等子栏目分类发布各类信息。

（2）行政执法工作更加规范系统

评估发现，部分单位以"行政执法更规范、群众办事更便捷、政府治理更高效、营商环境更优化"为出发点和落脚点，公开了年度行政执法总体情况、行政执法相关制度、执法有关目录清单、执法文书样本、执法事项服务指南等信息。

部分单位年度行政执法总体情况详细展示了工作情况。例如，广东省按单位公开了2019年度行政执法情况说明及各类权力实施情况统计表；辽宁省本溪市按部门公开了行政执法工作总结、数据汇总等。

部分单位制定并公开了行政执法相关制度。例如，河北省石家庄市、辽宁省本溪市、辽宁省沈阳市、河北省石家庄市长安区、辽宁省瓦房店市等公开了各部门行政执法"三项制度"。河北省迁安市等公开了部门法制审核人员培训制度、行政执法投诉举报制度。山东省济南市公开了《2019年济南市行政执法全过程记录十大典型案例》，推广典型做法。

部分单位制定并公开了执法有关目录清单，包括行政执法事项清单、音像记录事项清单、重大执法决定法制审核清单、重大行政决策事项目录等。例如，黑龙江省齐齐哈尔市龙沙区公开了重大行政决策事项目录、音像记录事项清单、重大执法决定法制审核事项清单和流程图；河北省唐山市丰润区公开了行政执法事项清单、音像记录事项清单、重大执法决定法制审核清单及流程图等。

部分单位制定并公开了执法文书样本。例如，辽宁省大连市、山东省济南市、河北省石家庄市长安区、湖南省浏阳市、辽宁省瓦房店市等单位详细公开了行政执法文书格式样本。

部分单位公开了执法事项服务指南。例如，山东省龙口市在"行政执法三项制度公示—行政执法服务指南"栏目集中公开了部分部门执法事项服务指南。

2. 评估发现的问题

（1）专门栏目和平台设置不够规范

《国务院办公厅关于全面推行行政执法公示制度执法全过程记录制度重大执法决定法制审核制度的指导意见》要求，行政执法机关要按照"谁执法谁公示"的原则，明确公示内容的采集、传递、审核、发布职责，规范信息公示内容的标准、格式；建立统一的执法信息公示平台，及时通过政府网站及政务新媒体、办事大厅公示栏、服务窗口等平台向社会公开行政执法基本信息、结果信息；涉及国家秘密、商业秘密、个人隐私等不宜公开的信息，依法确需公开的，要作适当处理后公开。

评估发现，有20家省级政府、15家较大的市政府、54家县（市、区）政府未设置行政执法信息公开平台。其中，部分单位将行政执法信息发布在其他栏目中，例如，有的地方分别将执法人员、执法数据、执法相关制度发布在"双随机""通知公告""行政处罚""行政许可"等栏目中，造成栏目信息混乱、查询不便的问题。

部分单位栏目设置待完善。评估发现，部分单位虽然设置了行政执法专栏，但存在栏目设置不规范、不细化等问题。

部分单位栏目设置不规范。例如，有的地方政府门户网站在政务服务板块内，设置了"行政执法主体清单""执法人员名单"滚动栏目，与其他子栏目一并展示，不便于查询，且行政执法信息涉及种类较丰富，应当设置定位全面的栏目系统公开各类执法信息；有的地方设置了"行政执法公示信息"栏目，但栏目内空白，未发布任何信息。

部分单位栏目设置不够细化，公开信息种类丰富但未予区分。例如，有的地方政府在"行政执法及市场监管"栏目内一并公开了"执法主体、执法人员、投诉举报电话、流程图、自由裁量标准、行政执法事项清单、执法结果"等多类执法信息；有的地方政府在"行政执法公示公告"栏目内一并发布了"重大行政决策事项目录、执法结果、执法人员、执法主体、执法三项制度、执法流程、执法数据、服务指南"等多类执法信息，不便查看。

（2）部分单位栏目内信息单一，未全面公开行政执法信息

《国务院办公厅关于全面推行行政执法公示制度执法全过程记录制度重大执法决定法制审核制度的指导意见》要求，强化事前公开"全面准确及时主动公开行政执法主体、人员、职责、权限、依据、程序、救济渠道和随机抽查事项清单等信息。根据有关法律法规，结合自身职权职责，编制并公开本机关的服务指南、执法流程图，明确执法事项名称、受理机构、审批机构、受理条件、办理时限等内容"和加强事后公开"行政执法机关要在执法决定作出之日起20个工作日内，向社会公布执法机关、执法对象、执法类别、执法结论等信息，接受社会监督，行政许可、行政处罚的执法决定信息要在执法决定作出之日起7个工作日内公开，但法律、行政法规另有规定的除外"。意见要求，"建立行政执法统计年报制度，地方各级行政执法机关应当于每年1月31日前公开本机关上年度行政执法总体情况有关数据，并报本级人民政府和上级主管部门"。

评估发现，部分单位栏目内信息发布较单一，未全面公开文件要求的行政执法信息。例如，有的地方政府在"行政执法"栏目内仅发布执法工作动态或公告信息，有的地方政府在"行政执法信息公示"栏目仅发布《行政执法证件遗失公告》，有的地方政府在"行政执法公示"栏目仅发布行政许可、行政处罚结果信息。

（七）行政处罚信息公开

做好"行政处罚信息公示"有利于完善社会主体信用记录，建立守信激励和失信惩戒机制，有利于健全事中事后监管机制，构建以信用为核心的新型市场监管机制，对于加快社会信用体系建设、推动文明城市建设和全面建成小康社会具有重要意义。《国务院办公厅关于运用大数据加强对市场主体服务和监管的若干意见》中明确了行政处罚公示信息公开时限和信用平台公示要求。《国务院关于建立完善守信联合激励和失信联合惩戒制度加快推进社会诚信建设的指导意见》要求全面落实行政处罚信息上网公开制度。2019 年修订的《中华人民共和国政府信息公开条例》中明确规定行政机关应主动公开本行政机关实施行政处罚、行政强制的依据、条件、程序以及本行政机关认为具有一定社会影响的行政处罚决定。

行政处罚信息公开的评估主要考察 37 家有行政处罚权的国务院部门、31 家省级政府、49 家较大的市政府、120 家县（市、区）政府在政府门户网站、部门网站、信用中国、国家企业信用信息网站公开 2020 年行政处罚信息的情况。其中，针对 31 家省级政府、49 家较大的市政府、120 家县（市、区）政府，抽查了市场监督管理部门。

1. 评估发现的亮点

（1）市场监督管理部门行政处罚信息公开率较高

评估发现，有 30 家省级政府、46 家较大的市政府、112 家县（市、区）政府的市场监督管理部门公开了 2020 年度行政处罚信息，公开率分别达到 96.77%、93.88% 和 93.33%。

（2）设置专栏集中公开行政处罚结果

各级政府门户网站用于集中公开行政处罚信息的专门栏目设置情况较好。评估发现，有 24 家省级政府、40 家较大的市政府、97 家县（市、区）政府门户网站设置专栏公开 2020 年度行政处罚信息，设置率分别达到 77.42%、81.63%、80.83%。例如，上海市门

户网站"双公示"栏目，点击跳转至信用中国（上
海），平台下设置了双公示目录查询和双公示数据查
询，"公开数据"一栏按照法人、自然人、部门进行
划分，集中公开了上海市的双公示信息，既保证了各
平台公开信息的一致性，又便于群众分部门查看行政
处罚信息，清楚明确，内容全面。北京市东城区政府
网站设置"行政许可和行政处罚结果信息公示"栏目
集中公开东城区各个部门行政处罚信息，便于查看。

37 家国务院部门中，国家统计局、中国银行保险
监督管理委员会、生态环境部、交通运输部、财政部、
国家市场监督管理总局等 8 家评估对象将处罚信息公
开在门户网站相应处罚栏目中。其中，中国银行保险
监督管理委员会设置"行政处罚"栏目集中公开了该
部门的行政处罚信息，每条信息以行政处罚决定书文
号命名，以表格形式列出处罚的重点内容，公开要素
全面，清楚明晰。

（3）部分单位行政处罚信息公开较规范

规范行政处罚信息的公开内容，有利于进一步提
高信息公开质量，发挥公众监督作用，提升政府治理
服务水平。在公开行政处罚信息的 11 家国务院部门
中，有 5 家以行政处罚决定书形式公开相关信息；在
公开行政处罚信息的 30 家省级政府市场监督管理部门
中，有 13 家；在公开行政处罚信息的 46 家较大的市

政府的市场监督管理部门中，有 24 家；在公开行政处罚信息的 112 家县（市、区）政府市场监督管理部门中，有 46 家。各单位公开的行政处罚决定书内容均包含被处罚者信息、主要违法事实、处罚依据、处罚结果等要素，公开内容和格式较为规范。

2. 评估发现的问题

（1）国务院部门行政处罚信息公开有待加强

评估发现，评估的有行政处罚权的 37 家国务院部门中仅有 11 家评估对象公开了行政处罚信息，占比为 29.73%；其中，有 4 家评估对象行政处罚信息发布不连续，缺少个别月份的行政处罚结果；有 1 家评估对象公开的行政处罚信息未列明处罚决定依据；有 2 家评估对象行政处罚信息公开不及时，在行政处罚决定作出之日的 7 个工作日后才上网公开；有 1 家评估对象未注明行政处罚决定日期。

（2）部分地方市场监督管理部门行政处罚信息公开不健全

根据《国务院办公厅关于运用大数据加强对市场主体服务和监管的若干意见》要求，应将行政处罚信息自作出行政决定之日起 7 个工作日内上网公开，提高行政管理透明度和政府公信力。政府部门在执法过程中若作出了行政处罚决定，应当及时向社会公开；

若无行政处罚事件，建议相关部门采用定期报告机制，可公开报告说明此情况。

而评估发现，部分地方市场监督管理部门 2020 年公开行政处罚信息较少，例如，某省市场监督管理部门 2020 年仅发布 3 条行政处罚信息；部分政府市场监督管理部门存在行政处罚信息发布时间不连续的问题，例如，某省市场监督管理部门缺少 7 月行政处罚信息，某省市场监督管理部门行政处罚信息集中在 7 月发布，1—6 月以及 8 月均未发布行政处罚信息，未能做到常态化公开。

（3）部分地方市场监督管理部门处罚信息泄露个人隐私

2018 年发布的《国家发展改革委办公厅关于进一步完善行政许可和行政处罚等信用信息公示工作的指导意见》要求，对于涉及企业商业秘密和个人隐私的信息，发布前应进行必要的技术处理。《国务院办公厅关于印发 2018 年政务公开工作要点的通知》要求，要依法保护好个人隐私，除惩戒公示、强制性信息披露外，对于其他涉及个人隐私的政府信息，公开时要去标识化处理，选择恰当的方式和范围。故政府部门在公开行政处罚信息时，应当对隐私信息进行特殊处理，把握好信息公开的尺度，避免造成不必要的纠纷。

评估发现，部分地方市场监督管理部门在公开行政处罚信息时，未对自然人的个人隐私信息进行必要的技术处理。例如，有多家地方政府市场监督管理部门在公开行政处罚信息时泄露了个人身份证号码。

（4）部分地方市场监督管理部门处罚信息要素不完备

部分地方市场监督管理部门在公开行政处罚信息时，存在未公开行政处罚依据、行政处罚结果和行政处罚时间等要素不全的问题。评估发现，公开行政处罚结果信息的 30 家省级政府、46 家较大的市政府、112 家县（市、区）政府市场监督管理部门中，有 7 家县（市、区）政府市场监督管理部门未列明处罚决定依据，有 9 家县（市、区）政府市场监督管理部门未列明行政处罚结果；有 2 家省级政府、3 家较大的市政府以及 5 家县（市、区）政府市场监督管理部门未列明行政处罚决定时间；有 3 家省级政府、3 家较大的市政府、21 家县（市、区）政府市场监督管理部门行政处罚结果未公布上网时间。

（5）部分政府行政处罚信息栏目建设维护情况有待加强

评估发现，部分政府虽设置了行政处罚栏目，但栏目内信息发布不全面，栏目设置不完善。例如，有的区政府行政处罚栏目中未公开市场监督管理部门的行政处罚信息；某市设置的双公示栏目仅细分了部分部门，未包含市场监督管理部门；部分市场监督管理部门行政处罚相关栏目链接失效，无法访问，例如，某市"行政许可和行政处罚等信用信息公示专栏"的行政处罚数据无法加载。

（八）审计结果公开

《国务院关于加强审计工作的意见》中明确要求，加强预算执行和其他财政收支审计，密切关注财政资金的存量和增量，促进减少财政资金沉淀，盘活存量资金，推动财政资金合理配置、高效使用，把钱用在刀刃上；对审计发现的问题和提出的审计建议，被审计单位要及时整改和认真研究，整改结果在书面告知审计机关的同时，要向同级政府或主管部门报告，并向社会公告；加强审计机关审计计划的统筹协调，优化审计资源配置，开展好涉及全局的重大项目审计，探索预算执行项目分阶段组织实施审计的办法，对重大政策措施、重大投资项目、重点专项资金和重大突发事件等可以开展全过程跟踪审计。

2020 年，项目组评估了 31 家省级政府门户网站、49 家较大的市政府门户网站、120 家县（市、区）政府门户网站及其审计部门门户网站公开审计信息的情况。评估的指标包括：（1）2020 年审计计划信息，是否包括对重大政策措施、重大投资项目、重点专项资金和重大突发事件的审计等；（2）2019 年本级政府预算执行情况和其他财政收支审计结果公告，包括基本情况、审计发现的主要问题、审计意见建议、问题整改情况；（3）2019 年政府重大政策措施落实情况跟踪审计报告，包括基本情况、审计发现的主要问题。同时，项目组还特别关注了 2020 年度审计计划中，是否对新冠肺炎疫情防控工作开展全过程跟踪审计，该项作为观察指标。

1. 评估发现的亮点

（1）省级政府审计信息公开情况较好

评估发现，省级政府 2019 年度本级预算执行情况和其他财政收支审计结果报告公开较好。有 31 家省级政府公开了 2019 年度本级预算执行情况和其他财政收支审计结果报告，公开率为 100%；公开的 2019 年审计结果报告内容均包含了基本情况、审计发现的主要问题和审计意见建议，其中，15 家省级政府包含了当年审计发现问题整改情况，例如，北京市 2019 年市级预算执行和其他财政收支的审计工作报告中第六部分"审计查出问题初步整改情况"。

省级政府 2019 年重大政策措施落实情况跟踪审计报告公开较好。评估发现，有 29 家省级政府公开了 2019 年重大政策措施落实情况跟踪审计结果，公开率为 93.55%；3 家省级政府按季度公开了 2019 年、2020 年本级政府的重大政策措施落实情况跟踪审计结果，例如，辽宁省政府在"审计信息（公告报告）"栏目下，按季度公开了重大政策措施落实情况跟踪审计结果。

（2）部分政府审计报告公开形式丰富

评估发现，在公开 2019 年本级预算执行情况和其他财政收支审计结果报告的 31 家省级政府、35 家较大的市政府、60 家县（市、区）政府中，有 11 家评估对象还另外公开了审计报告对应的图解，例如，《【图解】天津市 2019 年市级预算执行和其他财政收支审计工作报告》运用了思维导图，添加数据统计表，并应用了卡通形象，使报告内容形象生动、简明易懂。

2. 评估发现的问题

（1）2020 年审计计划信息公开情况较差

评估发现，19 家省级政府、31 家较大的市政府、76 家县（市、区）政府未公开 2020 年度审计计划，占比分别达到 61.29%、63.27% 和 63.33%。针对 2020 年新冠肺炎疫情，本应将新冠肺炎疫情防控相关工作的落实情况纳入审计计划，但评估发现，存在部分单位未能在审计计划中体现对新冠肺炎疫情相关的审计安排。

部分政府未单独规范公开 2020 年审计计划信息。评估发现，7 家较大的市政府、11 家县（市、区）政府未单独公开规范的年度审计计划，仅在 2019 年度工作总结和 2020 年度工作计划报告中简略提及审计计划。

（2）省级以下政府本级预算执行情况和其他财政收支审计结果报告的公开程度不高

省级以下政府 2019 年本级预算执行情况和其他财政收支审计结果报告公开情况不好。评估发现，有 14 家较大的市政府、60 家县（市、区）政府未公开 2019 年本级预算执行情况和其他财政收支审计结果报告。在公开 2019 年本级预算执行情况和其他财政收支审计结果报告的 35 家较大的市政府、60 家县（市、区）政府中，有 26 家较大的市政府、36 家县（市、区）政府审计报告中未公开审计发现问题的整改情况，占比分别为 74.29%、60.00%。

（3）省级以下政府重大政策措施落实情况跟踪审计报告公开力度不强

评估发现，2019 年度本级政府重大政策措施落实情况跟踪审计报告公开情况不好。有 16 家较大的市政府和 70 家县（市、区）政府未公开重大政策措施落实情况跟踪审计结果。在公开重大政策措施落实情况跟踪审计结果的 33 家较大的市政府、50 家县（市、区）政府单位中，有 30 家较大的市政府、41 家县（市、区）政府未按季度公开，大多在 2019 年度本级预算执行情况和其他财政收支审计结果报告中有所提及，跟随审计报告内容按年度公开。

（4）部分政府审计信息公开不够集中，呈分散状

评估发现，部分政府审计信息公开不够集中，呈现分散发布的特点。部分政府及其审计工作部门门户网站未设置审计公开相关栏目，其审计相关信息发布栏目不明确，不便查询，例如，某市审计局将审计计划、审计结果信息发布在通知公告里，与财政预决算、职称评选、网站工作报表等混在一起。部分政府及其审计工作部门门户网站虽然设立了审计公开相关栏目，但栏目下公开信息较少，或者公开多为工作动态信息，无审计结果类信息，例如，某基层政府"政务公开—五公开—执行公开—审计公开"栏目下仅有一条2019年工作动态信息。

（九）行政执法统计年报

《国务院办公厅关于全面推行行政执法公示制度执法全过程记录制度重大执法决定法制审核制度的指导意见》要求行政执法机关建立行政执法统计年报制度，地方各级行政执法机关应当于每年1月31日前公开本机关上年度行政执法总体情况有关数据，并报本级人民政府和上级主管部门。

项目组对 31 家省级政府、49 家较大的市政府、120 家县（市、区）政府关于市场监督管理部门行政执法统计年报公开情况进行了考察。考察内容包括是否公开市场监督管理部门 2019 年度行政执法数据统计年报，是否在 1 月 31 日前上网公开以及行政执法数据统计年报内容是否完整。

1. 评估发现的亮点

部分单位行政执法统计年报内容较详尽。评估发现，部分地方市场监督管理部门 2019 年度行政执法数据统计年报内容翔实，较全面分析了行政执法总体工作情况。例如，广东省、广东省广州市、广东省汕头市、广东省珠海市、广东省深圳市、浙江省杭州市、广东省广州市海珠区、广东省广州市越秀区、广东省惠州市博罗县、安徽省黄山市徽州区、浙江省杭州市萧山区、浙江省杭州市余杭区等地的市场监督管理部门 2019 年度行政执法年报内容按照行政权力类型（行政处罚、行政许可、行政强制、行政征收、行政检查、行政裁决、行政给付、行政确认、行政奖励、其他行政执法行为）依次梳理了执法数据实施情况统计表，并配备文字说明。

部分地方市场监督管理部门 2019 年度行政执法年报内容除了梳理行政执法数据实施情况外，还总结了执法相关情况。例如，《武汉市市场监管局2019年行政执法统计年报》包含执法主体名称及数量，执法岗位设置及在岗执法人员数量，实施行政许可、行政处罚、行政强制、行政确认、行政奖励、行政裁决等行政执法工作情况，行政检查计划执行情况，投诉、举报办理情况。《哈尔滨市市场监督管理局2019年度行政执法总体情况公示》包含法定执法职责，2019年度行政执法数据，行政复议和行政诉讼情况，案件移送司法机关处理情况。天津市滨海新区的《2019年滨海新区市场监管行政执法报告》包含行政执法总体情况，案件情况，重点违法行为趋势分析。辽宁省浑南区发布的《浑南区市场监督管理局2019年度行政执法工作报告》包含行政执法主体及执法人员情况、法制审核总体情况、"行政执法事项清单"编制和公开情况、涉企检查计划管理情况、涉企检查备案情况、开展行政执法人员培训情况、自由裁量权基准制度建设情况、行政执法决定公开情况、重大行政处罚备案总体情况、行政执法音像记录设备配备情况、落实行政执法责任制情况。《北京市市场监督管理局2019年度行政执法统计年报》包含行政执法机关的执法主体名称，执法力量投入情况，政务服务事项的办理情况，执法检查计划执行情况，行政处罚、行政强制等案件的办理情况，投诉、举报案件的受理和分类办理情况。《本溪市市场监督管理局 2019 年度行政执法总体情况的报告》则从食品安全监管取得新成效，药品疫苗安全监管力度不断加大，特种设备专项整治取得新突破，产品质量安全监管进一步强化，强化公平竞争执法监管执法力度，知识产权保护运用不断强化，重点领域市场监管更加严格，消费维权力度不断加大，执法稽查工作取得新成效，加强诚信体系建设，加强事中事后监管 11 个方面总结了行政执法工作。

2. 评估发现的问题

（1）多数单位未公开行政执法统计年报

评估发现，在 31 家省级政府、49 家较大的市政府和 120 家县（市、区）政府中，分别仅有 3 家、17 家、40 家评估对象在政府门户网站、部门网站或行政执法信息公开专栏公开了市场监督管理局 2019 年度行政执法数据统计年报；其余 140 家评估对象均未公开市场监督管理局 2019 年度行政执法数据统计年报，占比达 70%。

（2）部分单位行政执法统计年报公开质量有待提升

部分单位行政执法统计年报存在公开不及时或未注明上网时间的问题。评估发现，在 60 家公开了 2019 年度行政执法数据统计年报的地方市场监督管理部门中，分别有 2 家省级政府、4 家较大的市政府、7 家县

（市、区）政府市场监督管理部门未在 1 月 31 日前及时公开 2019 年度行政执法数据统计年报。

部分单位行政执法统计年报内容不够完备。评估发现，在 60 家公开了 2019 年度行政执法数据统计年报的地方市场监督管理部门中，有 1 家省级政府、7 家较大的市政府、12 家县（市、区）政府市场监督管理部门公布的 2019 年度行政执法数据统计年报仅包含文字说明，未包含行政执法数据实施情况统计表；有 1 家省级政府、2 家较大的市政府、14 家县（市、区）政府市场监督管理部门公布的 2019 年度行政执法数据统计年报仅包含行政执法数据实施情况统计表，未配有相关文字说明。

（十） 法治政府建设情况年度报告

中共中央、国务院印发的《法治政府建设实施纲要（2015—2020 年）》提出，县级以上地方各级政府每年第一季度要向同级党委、人大常委会和上一级政府报告上一年度法治政府建设情况，政府部门每年第一季度要向本级政府和上一级政府有关部门报告上一年度法治政府建设情况，报告要通过报刊、政府网站等向社会公开。中共中央办公厅、国务院办公厅印发了《法治政府建设与责任落实督察工作规定》，要求除涉及党和国家秘密的外，地方各级政府和县级以上政府部门应于每年 4 月 1 日前通过报刊、网站等新闻媒体向社会公开本机关法治政府建设年度报告，接受人民群众监督。可以说，法治政府建设年度报告已经成为各级政府展示其落实法治政府建设成效的重要渠道和载体，发布报告也是评价和监督法治政府建设的重要路径。

2020 年度评估涉及 34 家对外有行政管理职能的国务院部门（含 22 家国务院组成部门、1 家国务院直属特设机构、8 家国务院直属机构、3 家国务院直属事业单位）①、31 家省级政府、49 家较大的市政府和 120 家县（市、区）政府。评估内容主要包括 2019 年法治政府建设年度报告的发布方式方法、报告内容。其中，发布方式侧重于评价评估对象是否发布年度报告、发布方式是否便于公众查询，包括：报告发布、发布时间、发布渠道、发布栏目、报告发布形式。发布内容指标根据《法治政府建设实施纲要（2015—2020 年）》《法治政府建设与责任落实督察工作规定》的要求，选择了法治政府建设中较为重要的内容作为本次评估的指标。②

---

① 课题组开展的中国政府透明度第三方评估的评估对象包括 49 家国务院部门，而其中国务院部门管理的国家局无需单独对外发布法治政府建设年度报告，因此，本评估仅涉及 34 家国务院部门。

② 详细内容可参见《法治蓝皮书·中国地方法治发展报告(2019)》，社会科学文献出版社 2020 年版，第 57—78 页。

1. 评估发现的亮点

（1）国务院部门、省级政府、较大的市政府普遍发布年度报告

截至 2020 年 7 月 31 日，34 家国务院部门中，有 33 家发布了上一年度的法治政府建设年度报告，而 2019 年，课题组仅在上述部门中检索到 21 家发布了其 2018 年的年度报告。较大的市政府中，有 47 家发布了上一年度的年度报告，比 2019 年检索到的 43 家增加了 4 家。省级政府同 2019 年一样，全部公开了上一年的年度报告。

（2）按时发布报告的比例有所提升

相比于 2019 年仅 5 家国务院部门、4 家省级政府、28 家较大的市政府和 36 家县（市、区）政府于 2019 年 4 月 1 日前发布了 2018 年法治政府建设年度报告，2020 年按时发布报告的比例明显提升。2020 年评估发现，分别有 17 家国务院部门、25 家省级政府、37 家较大的市政府和 73 家县（市、区）政府于 2020 年 4 月 1 日前发布了本机关上一年度的年度报告，比上一年按时发布报告的单位分别增加了 12 家、21 家、9 家、37 家，增加的百分比分别为 240%、525%、32.14% 和 102.78%。

（3）部分对象设有年度报告专栏

每年发布上一年度的法治政府建设年度报告是政

府部门检验和展示自身法治政府建设成效的重要方式。作为一项需要持续发布的信息，报告理应置于政府网站的固定位置，以便于公众查询获取。因此，法治政府建设年度报告应同政府信息公开工作年度报告一样，发布于政府门户网站固定且专门的栏目内。评估发现，4类评估对象中均有少数在门户网站设置了专门的栏目，集中发布历年的法治政府建设年度报告。如国家发展和改革委员会、教育部、国家税务总局、北京市、吉林省、浙江省、湖北省、广东省、无锡市、杭州市、厦门市、武汉市、深圳市、昆明市、西安市、银川市、福建省泉州市石狮市、广东省广州市海珠区、广东省广州市越秀区、广东省佛山市南海区、河北省唐山市丰润区、黑龙江省哈尔滨市道里区、上海市浦东新区、上海市徐汇区、上海市黄浦区、上海市金山区、浙江省温州市瓯海区、浙江省慈溪市、浙江省杭州市拱墅区、浙江省杭州市江干区、浙江省杭州市萧山区、浙江省杭州市余杭区。

（4）国务院部门、省级政府、较大的市政府部分指标的总体达标率较好

评估发现，国务院部门、省级政府、较大的市政府部分指标的总体达标率较好，即评估对象中达到某些指标要求的比例较高。如国务院部门发布报告、在报告中披露部门规章立改废数据、披露参与普法宣传的情况的比例分别为97.06%、97.06%、91.18%。省级政府中，发布报告以及在报告中披露深化行政审批制度改革情况、加强执法体制改革情况的比率均为100.00%；在报告中披露地方立法立改废数据、化解矛盾纠纷情况、完善执法程序情况、完善重大行政决策机制情况的占比分别为96.77%、96.77%、93.55%、90.32%。较大的市政府中，达标率比较高的依次为：发布报告（95.92%），披露地方立法立改废数据（95.92%），披露深化行政审批制度改革情况（95.92%），披露加强执法体制改革情况（95.92%），披露完善执法程序情况（95.92%），披露化解矛盾纠纷情况（95.92%），披露完善重大行政决策机制情况（91.84%）。这在一定程度上表明，上述内容在日常的法治政府建设中的重视程度较高。

（5）部分对象的总体达标率较好

评估发现，部分评估对象所有评估指标内容符合要求的比率较高。国务院部门中，总体达标率居前的分别是农业农村部（85.71%）、商务部（78.57%）、司法部（75.00%）、国家市场监督管理总局（75.00%）。省级政府中，北京市全部达标，此外，达标率在90%以上的还有吉林省（96.67%）、湖南省（93.33%）、陕西省（93.33%）、湖北省（90.00%）、青海省（90.00%）。较大的市政府中，总体达标率居前的依次为西安市

（93.33%）、邯郸市（90.00%）、苏州市（90.00%）、合肥市（90.00%）、成都市（90.00%）。县（市、区）政府中，总体达标率居前的依次为北京市海淀区（95.83%）、江苏省太仓市（95.83%）、上海市黄浦区（95.83%）、四川省成都市龙泉驿区（95.83%）、安徽省黄山市徽州区（91.67%）、上海市虹口区（91.67%）、上海市浦东新区（91.67%）、上海市普陀区（91.67%）、上海市金山区（91.67%）、浙江省杭州市拱墅区（91.67%）、浙江省慈溪市（91.67%）、重庆市奉节县（91.67%）。

显然，地方政府的达标率高于国务院部门，省级政府的达标率高于较大的市政府和县（市、区）政府。当然，年度报告写得好不代表其法治政府建设成效一定好，但至少在一定程度上表明有关地方和部门重视此项工作，其法治政府建设有可以总结汇报的内容。

2. 评估发现的问题

（1）按时发布仍有较大提升空间

观察发现，不少评估对象未能做到按时发布年度报告，其中省级政府、较大的市政府、县（市、区）政府的按时发布情况好于国务院部门。这其中不排除有的地方和部门受抗击新冠肺炎疫情影响，导致报告发布有所推延。

国务院部门中，有 17 家在 2020 年 4 月 1 日之前公开了上一年度法治政府建设年度报告。有 25 家省级政府于 4 月 1 日前发布了法治政府建设报告。有 37 家较大的市政府于 4 月 1 日前发布了法治政府建设报告。有 73 家县（市、区）政府于 4 月 1 日前发布了法治政府建设报告。

（2）发布渠道不一，徒增查询难度

年度报告发布路径的不统一甚至混乱，容易增加公众查询难度，影响信息发布的效果。法治政府建设年度报告属于一个相对较新的政府信息形式，长期以来在政府网站中缺少专门的发布栏目，这很容易造成发布渠道不一、查询困难的结果。仅有部分评估对象在自身门户网站或者地方政府司法行政部门网站的不同路径下设有专门栏目，发布其历年的年度报告。

除了发布栏目的问题外，不少地方政府还存在年度报告发布平台不统一的问题。不少地方政府在本级门户网站或司法厅（司法局）门户网站中发布年度报告。

此外，发布渠道不固定，随意性大。如国家广电总局的 2019 年和 2018 年度法治政府建设报告发布在其"新闻"栏目下的"公告公示"栏目下，而 2017 年度法治政府建设报告则是发布在政府信息公开工作年度报告的栏目下。又如河南省洛阳市将 2018 年和 2019 年的报告发布在"洛阳资讯"的"公告公示"栏目下，而 2017 年的报告发布在"市政府文件"的"2018 年"栏目分类下；福建省福州市则将 2019 年的报告发布在"工作动态"的"榕城要闻"栏目下，2018 年的报告发布在"规划计划"的"专项规划"栏目下；上海市虹口区有"依法行政工作报告"专栏，但 2019 年的报告未发布在该专栏内，仅发布在"政府自身建设"栏目；上海市普陀区有"法治政府建设情况报告"专栏，并按年份从 2011 年细分至 2019 年，但普陀区 2019 年法治政府报告发布在"主动公开政府信息目录"栏目内。

（3）年度报告题目名称各不相同

观察发现，年度报告题目名称不统一的问题仍然存在。法治政府建设年度报告应使用规范、统一的名称，以提升报告的严肃性和辨识度。评估发现，各评估对象所采用的年度报告的名称不统一。《法治政府建设实施纲要（2015—2020 年）》及《法治政府建设与责任落实督察工作规定》使用了"法治政府建设年度报告"的表述，但本年度各评估对象使用的表述仍不统一。如海关总署标题为《关于 2019 年度贯彻落实〈法治政府建设实施纲要（2015—2020 年）〉工作情况的报告》；广东省深圳市使用的是《2019 年法治政府

建设工作情况》；安徽省淮南市使用的是《关于 2019
年法治政府建设情况的报告》；山东省淄博市使用的是
《2019 年度法治政府建设工作报告》；安徽省合肥市蜀
山区使用的是《蜀山区人民政府关于 2019 年度法治政
府建设工作情况的报告》；广东省广州市越秀区使用的
是《广州市越秀区人民政府 2019 年度法治政府建设工
作报告》；广东省惠州市博罗县使用的是《博罗县人
民政府关于 2019 年度博罗县法治政府建设及依法行政
工作情况的报告》。

（4）报告内容详略程度相差悬殊

年度报告无需刻意追求字数多寡，而应做到应报告
尽报告，力求全面展示上一年度情况，年度报告的质量
如何也本不应以字数多少而下结论。但事关一个地区一
个部门过去一年法治政府建设情况的总结分析，如果过
度简洁，那么，要么是工作做得不多以至于报告乏善可
陈，要么是对年度报告工作极度不重视，敷衍塞责。统
计发现，四类评估对象的年度报告中，字数多的有 1 万
余字，如上海市、吉林省、山东省青岛市、西藏自治区
拉萨市、江西省南昌市、黑龙江哈尔滨市道里区、上海
市虹口区、上海市黄浦区、内蒙古自治区包头市稀土高
新区；而字数少的，只有寥寥两三千字，甚至有的不足
两千字。国务院部门的报告中，字数最多的为 6793 个
字，最少的为 2240 个字，其中 3 千字以下的有 6 家，3

千字以上不足 5 千字的有 21 家，5 千字以上的有 6 家。省级政府的报告中，字数最多的为 12127 个字，最少的为 2606 个字，其中 3 千字以下的有 1 家，3 千字以上不足 5 千字的有 18 家，5 千字以上不足 8 千字的有 9 家，8 千字以上的有 3 家。较大的市政府的报告中，字数最多的为 14741 个字，最少的为 2292 个字，其中 3 千字以下的有 2 家，3 千字以上不足 5 千字的有 14 家，5 千字以上不足 8 千字的有 20 家，8 千字以上的有 11 家。县（市、区）政府中，字数最多的为 14021 个字，最少的为 2276 个字，其中 3 千字以下的有 5 家，3 千字以上不足 5 千字的有 34 家，5 千字以上不足 8 千字的有 35 家，8 千字以上的有 9 家。

（5）报告部分内容披露比例较低

评估发现，部分数据在评估对象年度报告中的披露比例不高。其中，国务院部门的报告中披露比例较低的内容较多，各级政府部门的报告中本机关负责人出庭应诉情况、规范性文件管理情况等的内容披露普遍较少。从国务院部门看，在报告中披露比率较低的有：2019 年本机关负责人出庭应诉情况（5.88%），行政复议收结案数据（23.53%），行政诉讼数据（23.53%），重大行政决策公众参与情况（38.24%），规范性文件管理机制建设情况（41.18%），重大行政决策合法性审查的情况（50.00%），上一年度法治政府建设存在的问题（52.94%），法治政府责任制落实情况（58.82%）。从省级政府看，在报告中披露2019年规范性文件管理机制建设情况的仅有16家（占51.61%），披露行政机关负责人出庭应诉情况的仅有8家（占25.81%）。从较大的市政府看，在报告中披露2019年规范性文件管理机制建设情况的仅有23家（占46.94%），披露行政机关负责人出庭应诉情况的仅有25家（占51.02%）。从县（市、区）政府看，在报告中披露2019年行政诉讼数据的仅有44家（占36.67%），披露2019年行政机关负责人出庭应诉情况的仅有45家（占37.50%）。

此外，评估对象的年度报告对上年度工作存在的问题及下年度工作计划普遍描述不够具体。总结上年度工作存在问题并分析其原因，有助于帮助各级政府发现法治政府建设进程中的经验教训，进而明确下一年度工作重点，也给社会监督其法治政府建设提供一定的参考。但评估显示，仍然有部分单位对本单位上一年度工作中存在的问题以及下一年度的计划没有做出详尽的描述，而仅仅是较为空泛和简单的描述，甚至未在报告中列出本单位存在的问题或者下一年度计划。评估发现，仅有20家国务院部门、25家省级政府、39家较大的市政府和69家县（市、区）政府的法治政府建设年度报告中对上一年度工作存在的问题进行分析总结，但是仍然存在描述过于空泛简略，没有针对性的问题。而对于各单位的下一年度工作计划，尽管有35家国务院部门、26家省级政府、45家较大的市政府和76家县（市、区）政府在法治政府建设年度报告中对本单位下一年度的工作计划进行了说明，但是其中多个单位的描述较为笼统，没有针对性。

（6）个别报告内容存在雷同

年度报告是对法治政府建设各项内容的年度总结，在正文中难免出现不少年度性工作表述雷同、仅替换数据的情况，这无可厚非，甚至值得鼓励，因为只有持续就某些方面披露进展情况和数据，才能形成有效的纵向比较。但对自身存在问题的剖析和下一年度工作计划的描述则应当体现年度特色和本部门特点，而不应大量雷同。但评估发现，个别评估对象年度报告中，本年度存在的问题与下一年度工作展望（或工作计划）部分的表述存在雷同。

（7）年度报告的发布机构不统一

与上一年的评估结果类似，地方政府的年度报告发布依然存在发布机构不统一的现象。省级政府中，有12家以当地政府名义发布报告，5家以办公厅名义发布，10家以司法厅（司法局）名义发布，4家未标明发布单位。较大的市政府中，有16家以市政府名义发布，10家以办公厅（办公室）名义发布，18家以司法局名义发布（其中 1 家以司法局内设机构名义发布），1 家以市委办公厅名义发布，1 家以市委依法治市领导小组办公室名义发布，1 家未标明发布机构。县（市、区）政府中，9 家以县（市、区）政府名义发布，26 家以办公室名义发布，28 家以司法局名义发布，1 家以党务综合部网信办名义发布，1 家以政府信息公开办名义发布，1 家以政府网通讯员名义发布，17 家未列明发布机构。

（8）县（市、区）政府报告公开率、核心指标达标率总体情况不理想

县（市、区）政府法治政府报告公开率仍有提升空间。评估发现，2019 年，参评的 125 家县（市、区）政府中有 48 家评估对象公开了上一年度的法治政府建设年度报告，公开率为 38.40%；2020 年，参评的 120 家县（市、区）政府中有 83 家评估对象公开了上一年度的法治政府建设年度报告，公开率为 69.17%，虽然相较于 2019 年有较大提升，但仍有 37 家评估对象未公开 2019 年法治政府建设年度报告。

评估发现，县（市、区）核心指标达标率总体情况不理想，达到指标要求的评估对象占比较低。达标率最高的指标分别为发布报告、完善执法程序、下一年度规划、化解社会矛盾纠纷和重大行政决策建设机制建设，达标率分别为 69.17%、65.83%、63.33%、62.50% 和 61.67%，达标率最低的指标为专门栏目设置，达标率仅为 13.33%。这表明，县（市、区）法治政府建设公开水平还有待提升。

（十一）规范性文件公开

加强行政规范性文件制定和监督管理，遏止"奇葩"文件出台，是全面贯彻习近平新时代中国特色社会主义思想和党的十九大关于"深化依法治国实践"要求的重要举措，是落实党中央、国务院关于推进依法行政、建设法治政府部署要求的重要抓手。

本次评估内容是对规范性文件清理信息的公开情况，规范性文件备案公开情况以及规范性文件有效性标注情况进行观测，其中规范性文件清理信息是以 2020 年为起算点，观测近三年规范性文件清理信息。本次评估对象是 49 家国务院部门、31 家省级政府、49 家较大的市政府、120 家县（市、区）政府门户网站或政府法制部门网站。

1. 评估发现的亮点

（1）政府规范性文件清理结果公开情况较好

《国务院办公厅关于加强行政规范性文件制定和监督管理工作的通知》指出，制发行政规范性文件是行政机关依法履行职能的重要方式，直接关系群众切身利益，事关政府形象。评估显示，31 家国务院部门、28 家省级政府、45 家较大的市政府、92 家县（市、区）政府门户网站或其法制部门网站发布了近三年本部门规范性文件清理信息。其中，发布了 2020 年规范性文件清理信息的有 21 家国务院部门、16 家省级政府、40 家较大的市政府、47 家县（市、区）政府。

相比 2019 年，国务院部门和较大的市政府公开规范性文件清理信息的情况有所提升。国务院部门公开 2019 年规范性文件清理信息的有 16 家，公开 2020 年规范性文件清理信息的有 21 家。较大的市政府公开 2019 年规范性文件清理信息的有 28 家，公开 2020 年规范性文件清理信息的有 40 家。

（2）多数评估对象标注了规范性文件有效性

评估显示，18 家国务院部门、19 家省级政府、38 家较大的市政府、61 家县（市、区）政府门户网站公开的 2020 年规范性文件标注了有效性。相比 2019 年，四级政府标注规范性文件有效性情况有所提升，2020 年新增 6 家国务院部门、5 家省级政府、12 家较大的市政府、11 家县（市、区）政府。

（3）部分单位公开了规范性文件备案审查信息

《国务院办公厅关于加强行政规范性文件制定和监督管理工作的通知》要求，强化备案监督，健全行政规范性文件备案监督制度，做到有件必备、有备必审、有错必纠；制定机关要及时按照规定程序和时限报送备案，主动接受监督；省级以下地方各级人民政府制定的行政规范性文件要报上一级人民政府和本级人民代表大会常务委员会备案，地方人民政府部门制定的行政规范性文件要报本级人民政府备案，地方人民政府两个或两个以上部门联合制定的行政规范性文件由牵头部门负责报送备案；实行垂直管理的部门，下级部门制定的行政规范性文件要报上一级主管部门备案，同时抄送文件制定机关所在地的本级人民政府。

评估显示，公开 2020 年规范性文件备案审查信息的有，14 家省级政府、20 家较大的市政府、11 家县（市、区）政府。其中，14 家省级政府中有 1 家按年度备案，5 家按季度备案，3 家按月备案。20 家较大的市政府中有 10 家按季度备案，3 家按月备案。11 家县（市、区）政府中有 1 家按年度备案，2 家每半年备案一次，5 家按季度备案。

（4）多数评估对象集中发布规范性文件

规范性文件集中统一公布，有利于加强规范性文件制发程序管理，健全工作机制，完善工作流程，确保制发工作规范有序。评估显示，政府网站对规范性文件集中统一公开的有 30 家省级政府、49 家较大的市政府和 120 家县（市、区）政府。

2. 评估发现的问题

（1）部分单位未公开规范性文件清理信息

政府门户网站或法制部门网站未公开近三年规范性文件清理结果的有 18 家国务院部门、3 家省级政府、4 家较大的市政府、28 家县（市、区）政府。省级政府公开规范性文件清理信息的情况不容乐观，省级政府公开 2019 年规范性文件清理信息的有 21 家，公开 2020 年规范性文件清理信息的有 16 家，比上一年减少 5 家。

（2）部分单位未标注规范性文件有效性

行政规范性文件是行政机关执法的重要依据，行政规范性文件是否有效事关政府依法行政，事关公众合法权益。标注规范性文件有效性既有助于公众准确查找办事依据，也是加强政府机关规范性文件管理的重要手段。评估显示，29 家国务院部门、12 家省级政府、11 家较大的市政府、31 家县（市、区）政府未标注规范性文件有效性。

此外，部分评估对象仅标注部分规范性文件有效性。标注规范性文件有效性理应对公开的所有规范性文件进行标注。仅标注部分规范性文件有效性，不利于制发规范性文件工作的规范开展，有损政府公信力和执行力。评估显示，标注部分规范性文件有效性的有 4 家省级政府、10 家较大的市政府、26 家县（市、区）政府。

（3）多数单位未发布规范性文件备案审查信息

《国务院办公厅关于加强行政规范性文件制定和监督管理工作的通知》要求，政府备案工作机构要加强与党委、人大系统备案工作机构的协作配合，建立备案审查衔接联动机制；全面实践规范性文件合法性审核机制，有利于从源头上防止违法文件出台，促进行政机关规范公正文明执法；规范性文件的合法有效，直接关系到政府依法行政以及公众的合法权益。

评估显示，未发布 2020 年规范性文件备案审查信息的有 17 家省级政府、29 家较大的市政府、106 家县（市、区）政府。

（十二）地方政府债务领域信息公开

2018 年 12 月 20 日，财政部印发的《地方政府债务信息公开办法（试行）》（以下简称《办法》）（财预〔2018〕209 号）第四条要求，预决算公开范围的地方政府债务限额、余额、使用安排及还本付息等信息应当在地方政府及财政部门门户网站公开，财政部门未设立门户网站的，应当在本级政府门户网站设立专栏公开。同时，第五条要求，县级以上地方各级财政部门应当随同预决算公开地方政府债务限额、余额、使用安排及还本付息等信息。《办法》进一步规范了地方政府债务管理工作，有利于增强地方政府债务信息透明度。

2020 年度评估考察了 31 家省级政府门户网站、49 家较大的市政府门户网站、120 家县（市、区）政府门户网站及其财政部门门户网站公开 2019 年政府债务信息的情况，主要考察：（1）各类债务信息是否集中公开；（2）随同决算公开上年（2019 年）末本地区、本级及所属地区地方政府债务限额、余额决算数；（3）随同 2019 年决算公开上年末（2019 年末）地方政府债券发行、还本、付息决算数；（4）随同决算公开上年末（2019 年末）地方政府债券资金使用安排。

1. 评估发现的亮点

（1）部分单位设置政府债务相关栏目

评估发现，有 11 家省级政府、11 家较大的市政府、26 家县（市、区）政府及财政部门网站设置政府债务相关栏目专门发布政府债务、债券发行、债券披露文件等信息，如安徽省财政厅、辽宁省抚顺市财政局、江苏省苏州市财政局、安徽省六安市金寨县等。

（2）部分单位政府债务集中公开情况良好

评估发现，196 家评估对象均做到了集中公开政府债务信息或随同 2019 年决算公开政府债务信息，方便公众查找。对于政府债券发行、还本、付息决算数据，部分评估对象专门制作政府债券发行及还本付息情况表集中公开，如北京市、上海市、江苏省南京市、安徽省合肥市庐阳区等。

（3）政府债务限额、余额决算信息公开情况较好

随同决算公开上年末本地区、本级及所属地区地方政府债务限额（包含债务限额总数、一般债务限额数和专项债务限额数）及余额决算数（包含债务余额总数、一般债务余额数和专项债务余额数）情况较好。

在债务限额决算数公开方面，有 28 家省级政府、38 家较大的市政府、96 家县（市、区）政府全面规范地公开了 2019 年本地区地方政府债务限额，有 22 家省级政府、37 家较大的市政府全面规范地公开了 2019 年本级地方政府债务限额，有 19 家省级政府（其中有 11 家评估对象细化到所辖县区）、29 家较大的市政府还公开了 2019 年所属地区地方政府债务限额。

在债务余额决算数公开方面，有 28 家省级政府、40 家较大的市政府、111 家县（市、区）政府全面规范地公开了 2019 年本地区地方政府债务余额决算数，有 24 家省级政府、43 家较大的市政府全面规范地公开了 2019 年本级地方政府债务余额决算数，有 20 家省级政府（其中有 11 家评估对象细化到所辖县区）、30 家较大的市政府还公开了 2019 年所属地区地方政府债

务余额决算数。

各级地方政府债务限额及余额决算数信息随同决算一起公开情况较好，评估发现，有 31 家省级政府、45 家较大的市政府、113 家县（市、区）政府随同 2019 年决算一起（同一链接、同一文件、同一天）公开债务限额、余额信息；有 1 家较大的市政府、2 家县（市、区）政府公开的信息相对分散，仅随同 2019 年决算一同公开了部分债务限额、余额信息；有 3 家较大的市政府、2 家县（市、区）政府公开了债务信息，但未随同 2019 年决算一同公开。

（4）省级政府债券发行决算信息公开情况较好

随同决算公开上年末本地区、本级地方政府债券发行决算数情况较好。评估发现，公开 2019 年本地区地方政府债券发行决算数的 31 家省级政府中，除 5 家省级政府公开债务举借额、债务收入、债务转贷收入外，有 23 家省级政府全面规范地公开了债券发行决算总数、一般债券发行决算数和专项债券发行决算数等信息；公开 2019 年省本级政府债券发行决算数的 30 家省级政府中，除 4 家省级政府公开债务举借额、债务收入、债务转贷收入外，有 18 家省级政府全面规范地公开了债券发行决算总数、一般债券发行决算数和专项债券发行决算数等信息。

（5）地方政府债务还本、付息决算信息公开情况较好

随同决算公开上年末本地区、本级地方政府债务还本决算数和付息决算数情况较好。评估发现，公开了 2019 年本地区地方政府债务还本决算数和付息决算数的省级政府各有 30 家，较大的市政府各有 46 家，县（市、区）政府各有 114 家和 113 家，其中 20 家省级政府、30 家较大的市政府、80 家县（市、区）政府全面公开了还本额总数、一般债务还本额和专项债务还本额等信息，16 家省级政府、24 家较大的市政府、64 家县（市、区）政府全面公开了付息额总数、一般债务付息额和专项债务付息额等信息。公开了 2019 年本级地方政府债务还本决算数和付息决算数的省级政府分别有 30 家和 31 家，较大的市政府分别有 48 家和 49 家，其中 20 家省级政府、28 家较大的市政府全面公开了还本额总数、一般债务还本额和专项债务还本额等信息，14 家省级政府、23 家较大的市政府全面公开了付息额总数、一般债务付息额和专项债务付息额等信息。

2. 评估发现的问题

（1）地方政府债券资金使用安排情况有待提升

评估显示，随同决算公开上年末本地区、本级及所属地区地方政府债券资金使用安排情况有待提升。仅有 13 家省级政府、18 家较大的市政府、81 家县（市、区）政府公开了 2019 年本地区政府债券资金使用安排决算情况，其中有 4 家省级政府、6 家较大的市政府、13 家县（市、区）政府 2019 年政府债券资金使用安排仅公开到使用方向，未细化到具体使用项目。其中，存在部分单位未区分本级和所辖地区新增债券使用项目的情况。

仅有 11 家省级政府、19 家较大的市政府清晰地公开了 2019 年本级政府债券资金使用安排决算情况，其中有 2 家省级政府、6 家较大的市政府 2019 年政府债券资金使用安排仅公开到使用方向，未细化到具体使用项目。

（2）部分单位政府债务信息统计不规范

一是，部分单位未公开债务还本、付息决算信息，不排除个别地方当年无政府债务还本额、无政府债务付息额等客观原因，但未做零报告进行统计公开，公众无法知晓具体情况，仍算作未公开。二是，部分省级政府对政府债务收入、举借额数值总体进行公开，未划分债券发行统计项；部分单位对政府债务还本、债务付息额决算数值总体进行公开，未划分债券还本、债券付息统计项。

（十三）义务教育领域信息公开

加强义务教育领域基层政务公开标准化规范化建

设，加大义务教育信息公开力度，不断提高教育领域信息公开力度和公开水平，对规范基层教育公开、主动接受社会监督、促进教育公平、保障人民群众合法权益、推进教育治理体系和治理能力现代化具有重要意义。项目组依据《教育部办公厅关于全面推进政务公开工作的实施意见》《义务教育领域基层政务公开标准指引》等文件要求，对 120 家县（市、区）政府的义务教育信息公开情况进行了评估。

义务教育领域信息公开情况，评估内容主要包括当地义务教育招生入学政策、入学政策咨询电话、2020 年义务教育招生范围、招生条件、招生结果、义务教育公办学校基本信息及 2020 年招生简章。评估范围为 120 家县（市、区）政府门户网站、同级教育行政部门或者招生考试主管部门网站以及上一级教育行政部门网站公开的有关信息。

1. 评估发现的亮点

（1）义务教育招生入学政策相关信息公开情况较好

评估发现，有 93 家县（市、区）政府公开了本地 2020 年义务教育阶段入学工作文件、招生工作实施方案，占比为 77.50%，其中，有 91 家评估对象既公开了小学招生入学政策，又公开了初中招生入学政策；有 81 家公开了本地义务教育阶段入学政策咨询电话，占比为 67.50%。广东省佛山市顺德区和广东省佛山市南海区还公开了乡镇的义务教育招生入学政策。

招生范围方面，有 96 家县（市、区）政府公开了小学招生范围，占比为 80.00%，其中有 86 家评估对象公开了 2020 年每所学校的招生范围；有 101 家县（市、区）政府公开了初中招生范围，占比为 84.17%，其中有 87 家评估对象公开了 2020 年每所学校的招生范围。

招生条件方面，有 98 家县（市、区）政府公开了普通学生入学条件、随迁子女入学条件，占比为 81.67%。

（2）部分单位义务教育公开专栏设置细致

评估发现，部分县（市、区）在政府门户网站设置了义务教育信息公开专栏或专题，且栏目设置合理，信息有序发布。如广东省佛山市禅城区门户网站设置"禅城区 2020 年小学初中新生入学"专题，细分为"公办小学初中""民办小学初中"栏目，集中公开 2020 年义务教育政策、报名指引、招生地段、学位安排等信息，且提供了招生报名系统入口和在线咨询系统链接。广东省深圳市罗湖区"教育培训"栏目划分了"学前教育"和"中小学教育"子栏目，集中公布了中小学学位申请政策、招生问答及各学校基本信息。

（3）部分入学服务平台统一提供义务教育各类信息

由上级政府建设的入学服务平台统一提供行政管

辖范围内各县（市、区）义务教育相关信息及报名办理入口，便于学生和家长查询所需信息，实现高效便捷办理入学报名。评估发现，部分县（市、区）政府通过上级政府建设的义务教育入学服务相关平台集中公开义务教育招生入学信息、学校情况、网上报名办理渠道。例如北京市义务教育入学服务平台"相关政策"栏目集中公布了各区义务教育阶段的入学政策文件，"立刻开始办理"栏目提供了北京市各区义务教育阶段的报名入口及各区的义务教育相关政策、小学初中学校介绍等信息。上海市义务教育入学报名系统细分"上海市招生政策""各区招生政策"栏目，集中公开上海市各区义务教育招生政策、服务网站链接、服务电话、联系地址，并提供了报名通道及报名查询通道。贵州省贵阳市义务教育入学服务平台"市级政策"栏目集中公开 2020 年贵州省贵阳市部分学校摇号结果及 2020 年招生政策，"区级政策"栏目集中公开各县区 2020 年招生政策，"学校介绍"细分"公办学校简介""民办学校招生简章"栏目，集中公开各区各学校计划招生人数、班级数、寄宿类型、办学地址、学校负责人、招生咨询电话等信息。

（4）部分单位义务教育信息公开形式形象生动

评估发现，部分地方采用图表、视频等形式公开义务教育信息，便于公众理解。例如北京市义务教育入学服务平台运用流程图和视频演示生动形象地展示了义务教育入学流程。上海市各区政府采用了一览表的形式展示小学、初中学校基本信息，包括学校名称、地址、办学规模与设施基本情况、师资队伍情况、收费标准、学生宿舍等信息，用图文结合的方式展示小学、初中入学流程。广西壮族自治区玉林市博白县、广西壮族自治区百色市平果县、新疆维吾尔自治区库尔勒市等单位以片区划分示意地图的形式清晰地展示了学区划分情况。

（5）部分单位网站提供随迁子女入学办理专门渠道

评估发现，部分地方在门户网站、义务教育平台开辟了针对随迁子女的入学报名办理渠道，方便随迁子女办理义务教育就学。如浙江省宁波市江北区门户网站设置了针对外来随迁子女的就学报名平台，贵阳市义务教育平台提供了各县区非户籍生报名系统，北京市义务教育入学服务平台设置了非本市户籍适龄儿童接受义务教育证明证件材料审核入口。

2. 评估发现的问题

（1）义务教育招生计划人数公开情况较差

评估发现，120 家县（市、区）政府中，有 82 家评估对象未公开 2020 年公办小学计划招生人数，11 家评估对象仅公开了 2020 年每所公办小学的计划招生班数，2 家评估对象仅公开了 2020 年小学计划招生总数，1 家评估对象公开了部分公办小学的计划招生人数。有 77 家评估对象未公开 2020 年公办初中计划招生人数，11 家评估对象仅公开了 2020 年每所公办初中的计划招生班数，1 家评估对象仅公开了 2020 年初中计划招生总数，2 家评估对象公开了部分公办初中的计划招生人数。

（2）义务教育招生结果公开情况亟需改善

评估发现，120 家县（市、区）政府中，有 105 家未公开 2020 年公办小学招生结果，有 106 家未公开 2020 年公办初中招生结果。另外，有的县（市、区）政府 2020 年招生结果仅公开招生班级数或总人数未公开学生名单，还有些单位仅公开部分类别的录取结果信息。

（3）义务教育公办学校信息公开率较低

对于义务教育公办学校基本信息及 2020 年招生简章的评估，通过在各县（市、区）中随机抽取一所公办学校（小学或初中）来考察其信息公开情况。评估发现，抽查的 120 家公办学校中，仅有 29 家评估对象全面完整地公开了学校简介（包含办学性质、办学地点、办学规模、办学基本条件、联系方式等要素），仅占 24.17%；仅有 9 家评估对象公开了学校 2020 年招生简章，仅占 7.50%。

（十四） 解读回应

政策解读作为政府信息公开的重要组成部分之一，公开程度也是评价政府"透明、公开"以及政府服务水平的一个重要标准。政策解读测评主要是对各单位的政策解读栏目设置、政策解读发布情况、政策解读形式、政策解读内容、主要负责人解读情况等进行测评。在政策解读测评中，政策解读信息采取较严的标准，必须是本机关对自身政策的解读。回应关切方面主要选取了网站互动情况进行观测。对网站互动的测评则主要是对国务院部门、较大的市政府以及县（市、区）政府进行测评，对网站互动的测评主要是针对是否在本网站设置在线互动平台以及本网站对公众关切的反馈是否进行公开。

1. 评估发现的亮点

（1） 政策解读栏目设置普遍

政策解读专栏的设置方面，46家国务院部门、31家省级政府、49家较大的市政府以及119家县（市、区）政府在其门户网站中均设置了专栏，用来进行相关政策的解读，开通率达到了98.00%以上。部分单位不仅设置专栏还进行分栏目设置，如安徽省、安徽省合肥市、安徽省淮南市以及上海市金山区就在政策解读下设置了负责人解读的专栏，专门用于主要负责人解读的公开。而广东省则是不仅在本网站中设置政策解读的专栏，还设置了国内、省内以及省内各个地级市的政策解读栏目，便于公众直接查阅。

（2）政策解读内容中要素较为完整

在政策解读的内容方面，42 家国务院部门、30 家省级政府、46 家较大的市政府以及 64 家县（市、区）政府在发布的政策解读内容中均列出了解读的背景以及解读的核心内容。解读内容较为完善，对政策文件的解读不是照搬文件原文而是对其中的内容进行了更为简洁明了的解释，这使得政策中比较专业和艰涩的语言更便于理解，便于公众理解相关的政策。广西壮族自治区政府在其门户网站中公开的部分政策解读不仅要素齐全，还将相关的政策在意见征求过程中征集到的意见总体情况以及对意见的采纳情况也进行叙述。而浙江省杭州市、河南省郑州市以及浙江省余姚市政府除公开政策解读的相关内容外，还将解读人的姓名等相关信息也列入文案中，内容较为翔实。

（3）解读形式多样

评估发现，多家评估对象对本单位的政策解读不仅仅局限于文字解读、图解、视频解读等，还使用 H5 解读、漫画解读等方式，增加了政策解读可读性和趣味性。如湖南省政府的解读涵盖了多种方式，还将政策解读的内容放置在专门的网页中；而北京市西城区、广东省惠州市博罗县以及陕西省西安市则是均使用了漫画解读的方式对本级的政策进行解读。评估发现，使用除文字解读外的其他方式解读文件的单位中，有36家国务院部门、29家省级政府、39家较大的市政府以及88家县（市、区）政府做到了使用多种方式对政策进行解读，其中使用多种方式解读政策的县（市、区）政府，与2019年相比增加了将近20家，解读水平大大提高。

（4）政策解读栏目下的内容基本定位准确

评估发现，有34家国务院部门、26家省级政府、41家较大的市政府以及101家县（市、区）政府在门户网站设置的政策解读栏目下均放置的是政策解读信息，而不是非政策解读信息，信息定位比较准确。准确地放置政策解读信息能够给浏览网站的公众以正确的指引，避免因为信息放置杂乱导致查看政策解读信息不便。

2. 评估发现的问题

（1）多家评估对象仍存在政策与解读无相互链接的情况

为了解决公开的政策信息与其解读信息分别公开

在不同位置，导致查询不便的问题，政策信息与其解读信息有必要建立相互链接。评估发现，有 7 家国务院部门的政策与解读没有相互链接，有 3 家部门仅部分政策和解读相互链接。有 4 家较大的市政府仅部分政策和解读是相互链接的，12 家县（市、区）政府完全没有将政策与解读进行相互关联。

（2）政策解读与政策的同步发布情况不佳

确保政策信息与解读信息同步发布，有助于确保政策信息公开后及时让公众通过解读信息全面把握政策的制定背景、规定内容等。在政策发布与政策解读的同步性方面，国务院部门有 26 家评估对象未同步发布或者仅有部分的政策解读同步发布，而省级政府中有 22 家评估对象未及时同步以及没有全部进行同步发布；有 28 家较大的市政府未同步发布或部分同步发布；有 53 家县（区、市）政府未同步发布或部分同步，个别单位因未标注日期而无法判断是否同步。

（3）主要负责人解读情况不佳

主要负责人对相关政策的解读提高了解读的权威性，更有助于政策的落实和实施。但评估发现，7 家国务院部门、25 家省级政府、43 家较大的市政府以及 107 家县（区、市）政府没有主要负责人解读情况。可见省级政府、较大的市政府以及县（市、区）政府在主要负责人解读政策并进行公开方面的工作仍然需要加强。

（4）政策解读栏目未进行分类

多个部门虽然设置政策解读专栏，但是未在政策解读的专栏下设置分栏，没有将政策解读的内容进行分类，而是将所有政策解读的内容放置在一起，使得查找不便。有37家国务院部门、7家省级政府、21家较大的市政府以及76家县（市、区）政府未在本单位门户网站的政策解读栏目下设有子栏目，而只是将政策解读内容进行集中公布，这样在寻找特定政策解读时就会带来不便。

（5）网站互动查看反馈不太便捷

公开对公众通过互动评估提出意见建议的反馈信息，有助于及时回应和引导其他有同样诉求的群众，避免重复咨询投诉。评估发现，有2家国务院部门没有设置网站互动平台，有4家国务院部门虽然设置了网站互动平台，但是却未公开对公众意见建议的反馈。5家县（市、区）政府网站上对公众关切的反馈公开情况无法查看，均需要登录才能查看。

（十五）依申请公开

为贯彻落实党中央、国务院关于全面推进政务公开的指示精神，积极回应人民群众对于政府信息公开的需求，修订后的《政府信息公开条例》完善了依申请公开的制度、机制和程序。2020 年 6 月 6 日至 10 月 23 日，项目组以"申请公开 2019 年本区（县、市）危房改造项目实际投入金额"为申请问题，对全国 120 家县（市、区）政府的依申请公开情况通过电子申请或信函申请进行了验证。电子申请优先采用门户网站依申请公开平台，其次选择政府信息公开指南中公布的电子邮箱。在没有电子申请渠道或电子申请渠道不畅通的情况下，采用信函渠道申请。信函申请采取邮政挂号信的方式。评估重点内容为观测政府信息公开指南（以下简称指南）是否更新、申请渠道是否畅通、政府信息公开申请的答复是否规范等。

1. 评估发现的亮点

（1）部分评估对象公开并更新了指南

修订后的《条例》，完善了依申请公开的程序规定，明确了公开申请提出、补正申请内容、答复形式规范、征求意见程序等内容，切实保障人民群众依法获取政府信息。评估显示，117 家评估对象公开了指南，81 家评估对象标注了指南生成日期或版本，99 家评估对象提供了本机关信息公开工作机构的名称、地址、办公时间、联系电话等内容。

第一，对政府信息公开申请答复期限进行更新。

《条例》第三十三条规定"行政机关不能当场答复的，应当自收到申请之日起 20 个工作日内予以答复；需要延长答复期限的，应当经政府信息公开工作机构负责人同意并告知申请人，延长的期限最长不得超过 20 个工作日"。评估显示，89 家评估对象指南中的政府信息公开申请答复期限的表述按照《条例》更新。

第二，对补正程序进行更新。

《条例》第三十条，对补正次数以及期限作出明确规定"政府信息公开申请内容不明确的，行政机关应当给予指导和释明，并自收到申请之日起 7 个工作日内一次性告知申请人作出补正，说明需要补正的事项和合理的补正期限。答复期限自行政机关收到补正的申请之日起计算。申请人无正当理由逾期不补正的，视为放弃申请，行政机关不再处理该政府信息公开申请"。评估显示，49 家评估对象指南中补正告知日期已调整为 7 天。

第三，对重复申请的处置规定进行更新。

《条例》对申请人不当行使申请权的行为予以规范并明确处理结果。《条例》第三十六条第六款规定"行政机关已就申请人提出的政府信息公开申请作出答复、申请人重复申请公开相同政府信息的，告知申请人不予重复处理"。评估显示，59 家指南中关于重复申请处理的表述与《条例》内容一致。

第四，对公开内容的相关条款进行更新。

《条例》第三十八条规定"……除依照本条例第三十七条的规定能够作区分处理的外，需要行政机关对现有政府信息进行加工、分析的，行政机关可以不予提供"。新条例中将"加工、汇总"修改为"加工、分析"，评估显示，有42家指南按照新条例予以更新表述。对于"需要行政机关对现有政府信息进行加工、分析的"直接表述为"可以不予提供"的有19家，未对内容予以限缩。

《条例》第十六条规定"行政机关的内部事务信息，包括人事管理、后勤管理、内部工作流程等方面的信息，可以不予公开。行政机关在履行行政管理职能过程中形成的讨论记录、过程稿、磋商信函、请示报告等过程性信息以及行政执法案卷信息，可以不予公开。法律、法规、规章规定上述信息应当公开的，从其规定"。评估显示，有5家指南中对过程信息、内部信息表述为"可以不予公开"，符合立法本意。

《条例》第十五条规定"涉及商业秘密、个人隐私等公开会对第三方合法权益造成损害的政府信息，行政机关不得公开。但是，第三方同意公开或者行政机关认为不公开会对公共利益造成重大影响的，予以公开。"评估显示，有31家指南中对涉及商业秘密、个人隐私等信息，会对第三方合法权益造成损害的政府信息，提及征求第三方意见和裁量处理。

第五，对收取费用相关内容进行更新。

《条例》第四十二条第一款规定"行政机关依申请提供政府信息，不收取费用。但是，申请人申请公开政府信息的数量、频次明显超过合理范围的，行政机关可以收取信息处理费"。评估显示，有55家评估对象的指南按照《条例》予以更新。

第六，对投诉举报相关内容进行更新。

《条例》第五十一条规定"公民、法人或者其他组织认为行政机关在政府信息公开工作中侵犯其合法权益的，可以向上一级行政机关或者政府信息公开工作主管部门投诉、举报，也可以依法申请行政复议或者提起行政诉讼"。申请人认为行政机关侵犯其合法权益的，行政机关应当告知申请人通过相应渠道解决。评估显示，有55家评估对象对指南中的举报条款予以更新。

（2）申请渠道全部畅通

申请渠道畅通是保障申请人获取政府信息的基本条件。评估显示，120家评估对象中有85家可通过其门户网站依申请公开平台提交申请，全部显示提交成功。9家通过电子邮件提交的申请，全部显示发送成功，后经申请人电话确认，9家评估对象均收到电子邮件；26家通过挂号信方式寄出，物流显示26家评估对象均已签收。120 家评估对象的政府信息公开申请渠道全部畅通。

（3）电子申请渠道普及率提升

随着"互联网＋政务"的深入推进，政务公开便民利企效能不断提升。评估显示，公众提交政府信息公开申请的便捷化程度较高。120 家评估对象中有 94 家是通过电子邮件方式提交的政府信息公开申请，占比为 78.33%。

（4）多家评估对象增设短信提醒功能

评估发现，120 家评估对象中有 22 家给申请人发送短信，告知办理进度以及办理结果。例如，佛山市禅城区、广州市越秀区、深圳市罗湖区、海口市秀英区、长沙市岳麓区、杭州市江干区、昆明市五华区、济南市历下区、上海市徐汇区等。短信提醒功能的应用，有利于申请人及时了解其申请办理情况。

（5）多数评估对象在法定期限内作出答复

政府信息公开在保障公众依法获取政府信息，促进政府职能转变等方面发挥了积极作用。随着法治社会的发展，公众维护自身权益的积极性增强，政府在法定期限内积极回应公众对政府信息的需求，是行政机关的基本职责所在。评估显示，120 家评估对象中有 96 家在法定期限内作出答复，按时答复率为 80.00%，答复率较往年有明显提升。

（6）部分评估对象告知书中救济渠道较为明确

《条例》第五十一条规定"公民、法人或者其他组织认为行政机关在政府信息公开工作中侵犯其合法权益的，可以向上一级行政机关或者政府信息公开工作主管部门投诉、举报，也可以依法申请行政复议或者提起行政诉讼"。告知书中列明救济渠道，可以有效保障申请人的权利。评估显示，120 家评估对象中有43 家列出复议机关或有管辖权法院的具体名称，其中山东省济南市历下区、山东省威海市荣成市答复告知书中复议机关和法院名称后面均附有具体地址。

2. 评估发现的问题

（1）部分评估对象指南未全面更新

第一，《条例》第三十八条对需要"加工、分析"的政府信息公开情况作出规定。评估显示，有26 家指南中的规定违反立法本意，直接表述为"不予提供"，而非"可以不予提供"。74 家评估对象无"加工、分析"政府信息公开情况的相关内容。

第二，《条例》第十六条规定对过程信息、内部信息的公开情况作出规定。评估显示，有24 家指南中对过程信息、内部信息表述为"不予公开"而非"可以不予公开"，与立法本意不符。有91 家评估对象指南中无过程信息、内部信息公开情况的相关内容。

第三，《条例》第十五条规定对涉及商业秘密、个人隐私等信息会对第三方合法权益造成损害的政府信息，提及征求第三方意见和裁量处理。评估显示，有13家指南中直接表述为"不予公开"，与立法本意不符。有76家无涉及商业秘密、个人隐私等信息公开情况的内容。

第四，《条例》第四十二条第一款规定"行政机关依申请提供政府信息，不收取费用。但是，申请人申请公开政府信息的数量、频次明显超过合理范围的，行政机关可以收取信息处理费"。评估显示，12家评估对象的指南中载明政府信息公开申请要收取费用；51家评估对象的指南中无收费相关内容；2家评估对象的指南中对政府信息公开收费规定的内容不完整，未列明"申请人申请公开政府信息的数量、频次明显超过合理范围的，行政机关可以收取信息处理费"。

第五，《条例》第五十一条对投诉举报相关内容作出规定。评估显示，40家评估对象指南中所列的投诉举报条款内容未更新；9家指南中无投诉举报相关内容；12家指南中虽有举报条款，但要素不全，未将上一级行政机关、政府信息公开工作主管部门都列明，而只列明其中一项。有21家评估对象指南中所列的投诉举报条款，仍包含监察机关，未更新相关内容。此外，《条例》第三十条对补正次数以及期限作出明确规定，但评估显示，有41家评估对象未列明告知补正的期限。

（2）部分评估对象指南未列明政府信息公开申请答复期限

《条例》第三十三条第二款对不能当场答复的政府信息公开申请的答复期限作出规定，政府机关应当在指南中进一步明确依申请答复期限，有利于减少争议纠纷。评估显示，关于依申请公开的答复期限，120家评估对象中有3家评估对象无依申请答复期限。

（3）部分评估对象指南中联系电话不准确

《条例》第三十一条第三款规定"申请人通过互联网渠道或者政府信息公开工作机构的传真提交政府信息公开申请的，以双方确认之日为收到申请之日"。因此，指南中发布的机构联系电话尤为重要。但评估显示，部分单位指南中发布的联系电话不准确，无法通过电话联系相关单位。

（4）部分评估对象指南中工作机构信息要素不全

指南中应提供该机关信息公开工作机构的名称、地址、办公时间、联系电话等内容，切实发挥政府对人民群众生产、生活和经济社会活动的服务作用。评估显示，有14家指南中所列的工作机构信息要素不全，缺乏办公时间、联系电话等信息要素。

（5）部分评估对象发布的政府信息公开申请渠道不准确

指南是公众申请政府信息公开的指导和依据，但实践中部分单位指南中发布的政府信息公开申请渠道不准确。例如，某区人民政府指南中写明可以通过"依申请公开"栏目进行网页申请，但网站上设置的依申请公开栏目中只发布了信息公开申请表，并不能提交政府信息公开申请。某区的政府信息公开指南中发布的申请渠道和依申请公开栏目中发布的申请渠道不一致，政府信息公开指南中发布的申请渠道包括信函或传真申请以及当面申请，依申请公开栏目中发布的申请渠道则包括信函或传真申请、当面申请、电子邮件方式。指南中的申请渠道未写网页平台申请，但政府门户网站设置了网页申请栏目，可以提交政府信息公开申请。

（6）部分评估对象为申请设置不合理障碍

第一，超出条例要求审核用途和工作单位。

修订后《条例》已删除了"公民、法人或者其他组织申请获取相关政府信息需"根据自身生产、生活、科研等特殊需要"的条件。但评估显示，多家评估对象政府信息公开平台的表格中，并未删除申请用途一项，甚至将申请用途作为必填项。部分单位反复询问具体用途，为申请人依法获取政府信息设置障碍。某区网页申请中将工作单位设为必填项。

第二，网页申请平台设置功能不足。

有的评估对象的网页申请平台无法成功提交政府信息公开申请。评估显示，120 家评估对象中，有 6 家平台未能成功发送，网页申请渠道形同虚设。例如，宁夏回族自治区固原市某县网页申请反复显示验证码不正确，某市鼓楼区验证码频繁闪烁，无法提交政府信息公开申请。某区的门户网站需要注册才可以提交政府信息公开申请，并且网页注册困难，最终网页注册失败。

有的网页申请平台未包含所有被申请单位。例如，安徽省某县的依申请平台中的提供单位没有金寨县政府，无法在网页平台选择该县政府提交申请。

有的在网页申请平台提交政府信息公开申请后，未给申请人发送查询码，无法查询被申请单位是否作出答复。

有的根据网页申请成功获取的编号和密码进行查询，显示无申请记录。某县网页申请平台未设置身份证明上传功能，网页申请后，需要通过电子邮件发送身份证扫描件。

第三，网页表格或者申请表信息未根据《条例》进行更新。

《条例》第四十二条第一款规定："行政机关依申请提供政府信息，不收取费用。但是，申请人申请公开政府信息的数量、频次明显超过合理范围的，行政机关可以收取信息处理费。"评估显示，有的基层政府、山东省的网页申请表格中，依然有减免费用的必选项，未根据《条例》对表格修订。

（7）部分评估对象未答复或超期答复

对申请人提出的政府信息公开申请，行政机关应当根据不同情况作出相应答复。政府信息公开是保障公众知情权、监督权的重要渠道，有利于监督和规范政府权力，推动政府不断改进工作。政府对申请人提出的申请不作答复或者超期答复，有损政府公信力。评估期间，120家评估对象中有9家超期答复，有10家未答复，有4家通过其平台作出答复，但是未说明答复时间，无法判断答复是否超期。

（8）答复形式不规范

政府信息公开的答复属于政府行为的一种，应当规范、正式。评估显示，120家评估对象中，有5家通过电话答复，有8家出具的答复告知书中单位未落款，有3家未加盖公章，有42家使用非官方邮箱答复。

（9）答复内容不规范

《条例》第三十六条和第三十七条对行政机关根据不同情况作出的答复进行了明确规定。内容规范的答复告知书主要体现为以下几种情况：第一，直接公开，并告知救济渠道；第二，已主动公开，告知公开的具体位置或链接，并告知救济渠道；第三，非本机关受理范围、非政府信息、不予加工分析等不予公开的情形，说明不予公开的法律依据以及不予公开的理由，并告知救济渠道。其中，救济渠道应列明复议机关和有管辖权法院的具体名称。答复告知书是政府信息的直接载体，答复告知书内容不规范直接影响政府信息公开工作的时效性。

评估显示，120 家评估对象中，有 11 家未说明不予公开的法律依据；有 4 家未说明不予公开的理由，有 26 家未列出复议受理部门或有管辖权的法院的具体名称，有 4 家救济渠道内容有误，有 38 家未告知救济渠道。

（10）各个评估对象对同一个问题答复不统一

评估显示，在面对同类政府信息公开申请的问题时，各家评估对象的处理结果不一致，其中有 50 家直接公开；有 1 家不予公开；有 1 家将问题定义为非政府信息公开范围；有 31 家答复非本机关政府信息公开范围；有 3 家答复不予加工。此外，有 24 家信息不存在，有 10 家未作答复。

四　展望

　　2020 年，中国在应对新冠肺炎疫情中在全球独树一帜，成效显著，既显示了国家强大的综合国力和应对突发公共卫生事件的能力，也进一步彰显了加大公开力度、及时有效回应社会关切的显著效果。实践证明，政务公开有助于保障人民群众切身利益，是实现国家治理体系和治理能力现代化的重要路径。中共中央印发的《法治社会建设实施纲要（2020—2025 年）》明确提出，要推进政府信息公开，涉及公民、法人或其他组织权利和义务的行政规范性文件、行政许可决定、行政处罚决定、行政强制决定、行政征收决定等，依法予以公开；在推进多层次多领域依法治理方面，纲要要求实施村级事务阳光工程，完善党务、村务、财务"三公开"制度，梳理村级事务公开清单，推广村级事务"阳光公开"监管平台。国务院办公厅印发《关于切实解决老年人运用智能技术困难实施方案的通知》为互联网和移动互联网时代推进政务公开惠及各类人群提出了新要求。国务院办公厅印发的《公共企事业单位信息公开规定制定办法》则有望进一步推动公共企事业单位的信息公开工作。总结 2020 年政务公开得失，今后还需从如下方面着力。

首先，进一步将找准和满足群众需求作为政务公开的出发点和着力点。坚持用户导向是做好政务公开的前提。为此，应通过依申请公开受理情况、政府网站及新媒体公开平台的查询使用情况、群众热线咨询情况、政务服务办事场景等，研判群众的政务公开需求，有针对性地调整公开范围、优化公开方式。

其次，全面深入推进政务公开与政府管理和政务服务的融合发展。政务公开必须走出孤立于政府各项业务工作的局面，与政府管理和政务服务深度融合，使公开成为管理和服务的有机组成部分，以公开促管理、以公开提服务，在做好管理和公开的同时做好政务公开工作。

再次，因地制宜、因人而异，做好面向各个层次的人民群众的公开工作。在很多中小城市、广大的农村，互联网和移动互联网的公开效果还不够理想，很多群众特别是老年人群体还不善于通过网站或者各类移动微平台获取信息。因此，必须善用广播电视、基层宣传栏等传统方式和平台，同时注意引导上述地区和上述人群的群众逐步学习尝试利用信息化手段接受政务公开。

另外，找准短板重点突破，提升政务公开整体水平。各领域政务公开均有相应的规定，但各地方各部门公开情况参差不齐，为此，一方面各单位需自查并补齐短板，另一方面，上级单位应细化公开标准、加大督查考核评估力度，推进政务公开标准化规范化，引导各地方各部门落实公开要求。

最后，继续加大基层政务公开工作力度。做好最基层的政务公开工作是满足人民群众切实需求的根本。建议在近年来推进基层政务公开规范化标准化建设的基础上，继续加大村务、居务公开力度，加大对基层村居政务公开的指导和推进力度，为法治社会、法治中国建设夯实基础。

后　记

自 2015 年以来，本次是连续第七年发布《中国政务公开第三方评估报告》。本报告是 2020 年对国务院部门、省级政府、较大的市政府和部分县（市、区）政府推进政务公开工作的情况进行评估的结果分析。相对于已经发布《中国政府透明度指数报告》，本报告内容更加丰富，对各个领域评估结果的呈现和分析更加细致。

对政务公开实施情况进行评估是中国社会科学院国家法治指数研究中心及中国社会科学院法学研究所法治指数创新工程项目组长期开展法治指数研究的重要一环。本着依法设定指标、依据客观数据进行评价、以公众需求为导向等的原则，项目组每年优化评估指标体系，逐项查找各级政府机关推动政务公开的亮点和不足，分析其中的问题，提出完善的建议。评估显示，中国的政务公开范围不断扩展、内容不断丰富、方式不断创新，在推进法治政府建设、保障公众有序参与、助力国家治理现代化方面发挥着越来越大的作用。据此开展的评估和调研也加深了理论界与实务界的沟通交流，有效推动了相关领域的政务公开工作。

政务公开第三方评估是在法学研究所和国际法研究所联合党委坚强领导下，在法学研究所领导及全体人员大力支持下进行的。评估也受到各级政府机关和专家学者的关心和帮助。报告的编辑出版得到了中国社会科学出版社社长赵剑英研究员、副总编辑兼重大项目出版中心主任王茵女士以及责任编辑李沫女士的鼎力支持。对此，我们表示中心的感谢！

我们以能够通过点点滴滴的学术努力为全面依法治国增砖添瓦为荣！

著者

2021 年 9 月

中国社会科学院国家法治指数研究中心
法学研究所法治指数创新工程项目组
重点书目

一　中社智库·国家智库报告

1. 中国政务公开第三方评估报告（2019）

2. 中国政务公开第三方评估报告（2018）

3. 中国法院信息化第三方评估报告

4. 基本解决执行难评估报告——以深圳市中级人民法院为样本

5. 人民法院基本解决执行难第三方评估报告（2016）

6. 标准公开的现状与展望

7. 中国司法公开第三方评估报告（2018）

8. 中国高等教育透明度指数报告（2015）

二　中社智库·地方智库报告

1. 社会治理：潍坊智慧城市实践

2. 社会治理：珠海平安社会建设

3. 社会治理：新时代"枫桥经验"的线上实践

4. 从惩失信到树诚信：法院执行工作主动参与社会治理的宁波实践

5. 中国行政复议的珠海实践

三　中社智库·年度报告

1. 中国政府透明度（2018）

2. 中国政府透明度（2019）

3. 中国政府透明度（2020）

4. 中国政府透明度（2021）

5. 中国政府透明度（2019）：义务教育透明度报告

四　其他重点书

1. 法治建设的中国路径（理解中国丛书）

2. 司法公开：由朦胧到透明的中国法院（法治中国丛书）

3. 司法透明的理论与推进路径